私、日本に住んでいます

スベンドリニ・カクチ

ニア新書 862

はじめに

この本は、日本に住む「彼ら(the "other" people)」を知るための窓となる本です。「彼ら」とは外国から来て、いま日本に住んでいる人たちのことです。「彼ら」は、あなたの気づかないうちに道であなたとすれ違ったり、電車のなかで隣の席に座ってスマートホンを見ていたりします。

そんな「彼ら」とあなたが、目を合わせることはあまりないかもしれません。ましてや会話が始まるようなことは、滅多にないかもしれません。テレビ番組や雑誌、新聞などで日本に住んでいる外国人のことが取り上げられているのを見ることはありますが。

私は、いつも「彼ら」が日本でどんな生活をしているのだろうか、と気になります。「彼ら」は留学生だったり、アーティストだったり、英会話の講師だったり、難民だったり、ディスクジョッキーだったりします。ある日、日本にやってきて、日本で生活していく道を選んだ人たちです。

◇　◇

いま、国際的に移民の問題が大きな話題になっています。私たちも、この世界的な流れと無関係でいることはできません。また少子高齢化が進む社会にあって、海外の人たちの労働力も必要になってきます。

日本は、これまで世界の難民問題について、必ずしも深くかかわってきたわけではありませんが、人びとがより安全な暮らしを求める動きに対して、他人事《ひとごと》のように考えていてよいということではありません。日本には、これまで外国人を多く受け入れてきた経験はあまり多くありません。でも、「彼ら」を受け入れるかどうかという議論は、この日本に住むあなたの気持ちと深く関わっている問題なのです。

外国人受け入れの問題は新聞やテレビで専門家たちによって、さまざまな形で議論されています。外国人は日本経済にとって、プラスかマイナスか？　外国人が高齢者の介護をしてくれれば、もっと多くの日本の女性たちが外に働きに出ることができるかもしれない……。外国人が増えることで、日本の経済や社会、言語がどのような影響を受けるか、という議論もあります。「彼ら」は日本語を話すようになるのか、日本文化にとって脅威《きょうい》となるのか、日本人の民族的アイデンティティはどうなるのか？

◇　◇

外国から来る人びとを、あなたは、どのように受け入れたらよいのでしょう。
「彼ら」に、「日本人らしさ」や日本的であることを求めますか？
でも、「日本人らしさ」ってなんでしょう？
日本語を自由に話せればよいのでしょうか？
お箸を使って食事をすればよいのでしょうか？
刺身が好きであればいい？

そうすれば「彼ら」を受け入れますか？

音を立ててソバをすすることができれば、日本人として受け入れますか？

互いの「違い」を認め合いながら暮らすことはできるでしょうか？

それは言葉や習慣、肌の色、文化的背景の違いを通して、あなたが当たり前に思っていたた一つひとつのことについて、あらためて考えることになるかもしれません。「彼ら」が、さまざまな価値観の違いや考え方の多様性を示すことによって、これまで当たり前と思っていた考え方や同質性の枠組みから出ることを求められることもあるでしょう。

それは、とても重要なことです。でも、この本で外国人受け入れの是非を論じたいわけではありません。

◇　◇

私は「彼ら」と友達になって、いろいろ知りたいと思います。彼らの思いを聞きたい、彼らから学びたい、そして分かち合いたいと思っています。彼らも日本社会の一員ですし、彼らがいることで日本社会も少しずつ変化していると思います。

だから、それを本にまとめたいと思いました。

◇　◇

多様な文化のなかで暮らし、考え方や生活習慣の違いに困惑したり戸惑わされたりするのは、私にとって初めての経験ではありません。

私は、スリランカに生まれました。父はタミル人、母はシンハリ人です。

つまり、私は複雑で微妙な環境のもとで、ずっと育ってきました。二つの言葉の子守歌を聴きながら眠り、父と一緒にキリスト教の教会に行き、母と一緒に仏教のお寺に行くというような日々でした。

学校の長期休暇のときは、まったく異なった地域にある、それぞれの祖父母の地で過ごしました。ひとつは、スリランカ北部に位置するタミル語を話すジャフナという地域です。とても乾燥した地域なので、「水を無駄にしないで」と、いつも祖母に厳しく言われ続けました。お風呂のシャワーは、大きなマンゴーの木の下にありました。シャワーを浴びている間に、同時に周囲の植物に水やりをするためです。干上がった土地には水が必要で、人びとは生きるために一滴の水も無駄にすることができませんでした。

一方、母方の祖父母が住む南部は水が豊かでした。庭は、いつも緑に溢《あふ》れていました。いとこたちと川でよく水浴びをしましたし、この川の水で村の水田が潤っていました。

村のお祭りも、まったく違っていました。五月には、ブッダの誕生の祭りがあります。その時は、朝六時から夕方六時まで、仏教徒は寺院で過ごします。主に、瞑想、祈り、そして粗食で過ごします。一方、クリスマスの時は、父方の家族とともにお祝いをします。クリスマスは特別な日で、教会に行き、親族や友人たちといっしょに豪華な料理を食べます。七面鳥の丸焼きを食べ、ミルクワインを飲んで、クリスマスキャロルを歌うのです。これらの風習は、スリランカがイギリスの植民地だったときの名残《なごり》です。

異なる価値観や考え方のなかで生きていくためのもっともよい方法は、互いの似たもの、共通項を見つけることです。

◇　◇

二つの文化のもとで育った私にとっては、それを身につけることが重要でした。幼い頃から異なる価値観や考え方を、自分のなかで一つにすることを学びました。

異なるものを結びつけるということは、混沌とした状況を乗り越える橋を見つけるようなものです。この二つの文化を結びつけるために川の両端から始まって中央で一つになるような「橋を架《か》ける」ことをイメージするようになりました。橋は、異なる地域に住む人を結びつけます。橋を架けるということは、多様なあり方を認めるための基盤となるのです。橋を架けることによって、別の世界への道が開けていくのです。

これが、多様性の本質です。多様性とは、両者を壊すものではなく、結びつけるものなのです。

私は幼少期から、この多様性のなかで生き抜くセンスを身につけてきました。成長する過程で、周囲にある「違い」を認める道を探るようになりました。二つの言葉があるので、二つとも学びました。その他に、両親が使うので英語も学びました。両親は英語が堪能《たんのう》ではありませんでしたが、お互いに話す時は英語でした。スリランカでは、英語は異なる言語を話す人々の共通言語として使われます。このような異なる言葉に囲まれた環境は、豊かなアイディアや習慣や行動を私にもたらしてくれました。

十代のときは、二種類の伝統的なダンスを学ぶ機会に恵まれました。タミル語地域であるインド南部ではヒンドゥー寺院発祥の伝統的なインド舞踊バラタナティヤム、そしてもう一つは、スリランカ中央部発祥のキャンディダンスです。

◇　　　◇

食生活も豊かでした。南部の料理の特徴は、とびきり辛いカレーと緑の野菜でした。四月の旧暦の新年のお祭りは、友人たちよりもずっと豪華に過ごすことができました。ラッキーカラーの衣装を身につけ、シンハラの新年には欠かせないオイルケーキ（キャウン）を食べます。そして二日後に、こんどはタミルの親族を訪ね、シンハラのものとは異なったタミルの新年料理を食べます。近隣の人が、砂糖シロップにつけたジャレビというスイーツを、丸いステンレスのお皿に載せて運んできてくれます。それはもう、本当においしいのです。

◇　◇

もちろん、さまざまな困難もありました。三〇年に及ぶ民族紛争では、多数派のシンハラ人と少数派のタミル人が争っていました。家庭のなかでも、この紛争に関して互いに対立する意見を見聞きしてきました。どちらの民族の主張が正しいのか、この民族紛争は正義の闘いか……こうした議論は、私にとって生きた「学び」となりました。

そのような議論は、学校の教室では学ぶことができないことです。学校の教科書はあくまでも客観的に書かれていますが、家庭のなかの議論は涙あり笑いあり、そして対立の末に和解にたどり着くという、人間味豊かな感情に満ち溢れたものでした。

◇　◇

これこそが、二つの異なる世界をつなぐ「橋」といえるのではないでしょうか。戦争のなかでこのような道をつくることは、「彼ら」に寛容であることの素晴らしさを教えてくれました。

民族の違いを認めることは素晴らしいことだ、ということを理解すること。そして、そのために「橋」をつくることを学びました。橋は互いを理解し、共感することによってつくられます。

私たちが、日本に来た「彼ら」から学ぶことはたくさんあります。「彼ら」は、私たちに変わることを求めないかもしれません。しかし、「彼ら」の存在は、私たちがより豊かな人間になるための力となります。「違い」を知ることは、橋をつくることを学ぶためにぜひとも必要なのです。

日本と私

一九七〇年代に日本に来てから、私の人生は大きく変わりました。はじめは、食料や医薬品などの生活必需品を、どこで、どのように手に入れればよいのかさえ、わかりませんでした。それはただ単に、私が日本語を話せなかったからです。

その後、日本語を学ぶために大学に入学したことで、新しい世界への扉が開かれました。大学で、私は「彼ら」に会いました。「彼ら」とは、海外から日本に留学し、大学の国際学部で学んでいた多くの若い学生たちです。私と同じように、日本社会のなかでコミュニケーションをとることができず、私たちはお互いに英語で会話をしました。

そのうちに、いくつかの変化が起こりました。たとえば、私はスリランカのカレーを食べるのをやめ、箸を使って刺身やソバや、わさび醤油のついたフレンチフライを食べるようになっていました。数か月後には、温かいお風呂に浸かるようになっていました。そのうちに、日本人の友達もできました。私をよく夕食に招待してくれた、近所のお医者さんの娘さんもいました。

こうしたことは、私が日本社会に受け入れられるために変わっていく経験となり、一歩ずつ前に進んでいきました。一年ほど経つうちに、母国語よりも日本語を話すことが多くなりました。英語は、大学のクラスのなかで話す程度になりました。

こうして日本社会に溶け込むようになっていきましたが、それは同時に日本社会での「外国人」というマイノリティーになることでもありました。スリランカ人で褐色の肌をした私には、日本社会の中で自分が属することができるようなグループはありませんでした。そのかわり、私はすぐに一人の「個人」となることができました。「個」としての自分であることを学んだのです。これは、今までに経験したことのない感覚でした。

ときには、自分のなかの古い自分と対立することもありましたが、過去の自分と今の自分がうまく混ざり合って「ひとつの自分」になっていきました。

それは言ってみれば、出身国や人種、あるいは宗教にとらわれずに、自分自身の考えや価値観のもとで「自分」になっていく道でもありました。

この「気づきの旅」は、終わりのない旅かもしれません。世界につながる道を進み、橋を渡っていく旅です。

このような経験は多様なアイディアや、たくさんの選択肢、可能性を示してくれます。このグローバルな社会を生きていく私たちは、これらの多様な価値に触れ、多様なあり方を学びます。国際社会を生きる私たちは、これらの経験を通して常に自分自身を磨いていく必要があるのです。

多様な豊かさに富んだ「彼ら」の世界に、ようこそ！

スベンドリニ・カクチ

目次

本書は著者が各氏にインタビューしてまとめたものです。
肩書きや所属、内容は取材時のものです。
英文の原文を編集部で訳出したものです。

過去と未来をつなぐ

被災地の人びとと向き合いながら

ポーンルグロッジ　チャーノン
Chanon Pornrungroj

I live in Japan

震災後の日本へ

「私はタイのバンコクから来た留学生です。宮城県仙台市にある東北大学で学んでいます。日本に来てすでに三年が経ちました。日本ではすばらしい体験をたくさんしました。日本に来る前の自分と今の自分とを比べると、見違えるほど成長したように思います。十代、二十代の頃というのは、まるで人生のジェットコースターに乗っているようなものですから、この時期にいろいろなことを経験して大きく変わることはある意味では当たり前のことかもしれません。でも、とりわけ海外から留学生として日本に来た私にとって、それは強烈で特別でした。異なった環境のまったただなかに入って私自身が大きく変わったからです。

学生寮で、教室で、そして大学のキャンパスで友人たちといるとき、それぞれの場所で、とても充実した時間を過ごしました。タイでの経験と日本での新しい生活が混ざり合うことの豊かさを感じたからです。日本で経験したことは、ある意味では学位をとることよりも意味のあることでした。勉強やさまざまな活動を通じて、本当にいろいろなことを学びました」

これは、タイの留学生チャーノンさんが私に話してくれたことです。彼は東日本大震災が起きた二〇一一年三月一一日から半年ほど経ったときに、日本にやって来ました。タイの名門チュラロンコン大学から、材料工学を研究するために東北大学に留学しました。東北大学では英語で受講することができるのです。

留学が決まったとき、とても楽しみでわくわくしました。でもその一方で、原子力発電所の事故の問題がありましたので、東北大学に留学するという決断は彼にとってとても大きなものでもありました。家族のなかでいろいろ話し合った末、父の「日本に行って、東北復興の役に立ってきなさい」という言葉にあと押しされてこの決断をしました。

こうして、彼は期待に胸を膨《ふく》らませて仙台に来たのです。

I live in Japan

学生たちの活動に参加

大学に来てはじめに、放射性物質について研究をしました。被災地の人びとが放射能の影響について不安を抱いていたので緊急の課題だったのです。

当初は、大学にあまり友人もおらず、まだ十分に日本語を話すこともできませんでしたので、どこにいても居心地の悪さを感じていました。英語で行われる講義が限られていたことも不安のひとつでした。

タイの学生たちと比べて、日本人の学生はコミュニケーションのとりかたが少し異なっているように思えました。教室にいてもなかなか親しくなれず、はじめ、日本人学生は外国人に対してちょっと壁をつくっているようにチャーノンさんには思えたようです。

でも、そのうちにひとつ気づいたことがありました。それは、日本人の学生たちが、サークル活動やバイトなど、授業以外の活動にも力を注いでいるように思えたのです。これはチャーノンさんにとって驚きでした。そうして、すぐに彼は、原発事故の問題に関する活動をしている学生たちのメンバーの一員になって彼らと一緒に活動をするようになったのです。教官も親身になって指導してくれ、土壌や水質、大気における汚染の状況などさまざまなことを研究しました。データに基づいて科学的に分析することの大切さも教えられました。

これらの活動を通して、教室の授業だけでは学べないようなことをたくさん学ぶことができたのです。

あるとき、他の大学の学生たちといっしょに宮城県の南三陸町《みなみさんりくちょう》へのスタディツアーに行きました。南三陸町は風光明媚《ふうこうめいび》なところですが、津波によって甚大な被害を被った地域です。学生たちはここで地元の人びとと交流し、仮設のマーケットで昼ご飯を食べ、地元の人から被災の状況やいまの暮らしぶりについて話を聞きました。それらの話を聞いているうちに、この地域の人びとに対する思いがとても強くなりました。

「被災者の方々は私たち外国人にむかって、震災で多くのものを失ってしまった悲しみを口々に訴えました。そしてさらに、これからの暮らしを再建していくことがいかに困難をともなうか、その大変さなどについても語ってくれました」

被災者の方々が、困難に直面しながらその状況を受け入れ、悲しみと折り合いを付けながらこれからの生活を見据えているということが、チャーノンさんにとってとても印象的でした。ある意味では自分の人生とも重なり合う部分があるように感じたのです。自分はタイを離れて、ここ東北で生活をしています。南三陸の被災者の方々と同じように、彼も過去の暮らしと未来の暮らしをつなぎながら生きているのです。

地元の食材を堪能する

「南三陸の人びとが、この困難な状況をなんとかしようと懸命になっている様子に深く感銘をうけました。そして、私もこの南三陸の皆さんといっしょに復興のプロセスに関わっていきたいと強く感じました」

I live in Japan ボランティアツアーを実現させる

震災から四年経って、この思いは実現しました。

チャーノンさんは東北大学留学生協会(TUFSA)のリーダーとして、新しいプロジェクト・南三陸ボランティアツアーを実現させました。

およそ四〇人の学生たちがツアーに参加し、災害によってもたらされた被害の状況などを見て回りました。そして参加者は地元の食べ物を食べ、地域の文化や生活に触れました。それが多少なりとも地域復興の一助になったかもしれません。

南三陸ボランティアツアー

南三陸で学んだことは、被災地を訪れるツアーは地域復興に役立つ支援になるということでした。そしてそれは「私たちは被災地の方々のことをいつも考えている」という力強いメッセージになります。

「地域の人びとと外の人びとがつながりあうことは、復興をあと押しするために必要なことです」とチャーノンさんは考えています。

チャーノンさんはボランティアツアーを実現させるために留学生協会で基金づくりに奔走しました。基金を立ち上げる過程では、たくさんの困難がありましたが、なんとかプランを練り上げ、実現させることができました。大学からサポートも受けています。

「被災者と関係をもつことができたので、自分がなにか役割を果たしたいと思ったんです」と言います。「被災者たちの多くは、外部の人たちが、被災地のことを忘れてしまっているのではないかと不安を感じています。そういう不安に応える意味でもこのようなツアーを実現できたことは良かったのではないかと思います」

被災のことを知り、支援するのに遅すぎることはないということです。

I live in Japan タイで学んだこと、日本で学んだこと

こうして始められた東北大学留学生協会による南三陸へのボランティアツアーは、現在も続けられています。

チャーノンさんがこのような考えをもつようになった背景には、父親の影響があるのか

互いに協力し，支え合う

もしれません。彼の父親は、タイで、障害をもつ子どもたちをサポートする仕事をしています。父親は、障害者は一人ひとりの力を合わせることで障害を克服できるという信念をもっているそうです。それは、たとえば、視覚障害をもった人と聴覚障害をもった人が、互いに補い合いながら何かをするというようなことです。障害者たちが互いに支え合う様子を見てチャーノンさん自身も多くのことを学んだそうです。

彼はこうして、タイの生活で学んだことと日本で学んだこと、それぞれをつなぎ合わせながら今を生きているのです。

夢をもつということ

ジェイダ・B
Jayda B.

I live in Japan

人気ＤＪ

ジェイダさんは渋谷の音楽シーンでカリスマ的な人気を誇る、アフリカ系アメリカ人の若き女性ＤＪです。

自分の夢を実現するためにアメリカから日本に来ました。

住み慣れた故郷を離れ、外の広い世界に飛び出すのは誰にとっても勇気がいることです。特に若いときは、お金もないし、収入の当てもありません。そして夢をかなえることはそれほど簡単ではありません。

若い人が夢と希望に胸を膨《ふく》らませていると、たいてい大人たちはむずかしい顔をして、「そんな夢なんか諦めて堅実な仕事をしたほうがいい」「いつまでも夢を見ていないで仕事をしたほうがいい」とお説教します。

それを聞くと、自分の心の内に秘めていた夢がしぼんでしまうのを感じます。そうして結局、心の奥深くに夢をしまい込み、バックパックを背負ったジーンズ姿からビジネスカバンをもって背広に身を包んだ姿に変身することになるのです。これは日本の若者だけでなく世界中の若者にいえることでしょう。

けれどもジェイダさん、そうではない生き方を示してくれました。いま、彼女はDENTラジオというラジオ番組をやっています。

このラジオ番組では、彼女自身が選んだ音楽を流しています。彼女の故郷アトランタのインディーズのアーティストなど、有名か無名かを問わず選んで流しています。

彼女自身が歌手にインタビューをしたり、SNSで番組のプロモーションをしたりして、目の回るような忙しい毎日を送っています。

I live in Japan

大学ではじめたラジオ番組

ジェイダさんは、かつて東京のテンプル大学の学生でした。そのときにこのラジオ番組をはじめました。

「ラジオスタジオが大学にあったから、そこでDENTラジオをはじめたの。大学のプログラムというわけではなかったので、卒業後も続けたいと思っていました。自前のラジオ番組をはじめられたことは本当にラッキーでした。もちろん、うまくいかないこともたくさんあって、試行錯誤の連続でしたが、諦めたりはしなかったわ」

I live in Japan

自分自身で選んだ音楽を

ジェイダさんは二〇一一年三月、東日本大震災の後、日本を離れてアメリカに戻りました。テンプル大学はフィラデルフィアに本校があるので、そちらで学ぶようになったのです。学生をしながら、音楽の仕事を見つけましたが、無給の仕事や給料の安い仕事が多く、ほとんどお金になりませんでした。それでも彼女は夢をかなえるためにその仕事を続けました。

でも、大好きな音楽がビジネスの論理で利用される現実の世界に直面して、それが大きな試練となりました。

「チャートの上位にあがる曲は、必ずしも音楽の質ではなく、商売になるかどうかで決められることもありました。お金とビジネスの論理に左右されていて、それは私が本当にやりたいことではありませんでした。主流でないアーティストはほとんど見向きもされなかったわ」

音楽とは創造性に満ちたものです。だからジェイダさんは他の誰かによって権威づけられたものではなく自分自身で音楽を選びたかったのです。

この業界で少しずつ経験を積み、知識を増やすにつれて、そんな思いがますます強くなりました。

「時間がたってもやりたいことはしっかりと持ち続けていたわ。できるだけ好きな音楽をかけることに力を注ぎました。価値あるものを提供できるかどうかは自分がやりたいかどうかにかかっていた」

その後、ジェイダさんは大学を卒業し、日本に戻る決心をし、二〇一五年に再び来日しました。

日本で具体的に何かをする計画があったわけでもなく、仕事の当てがあったわけでもありませんでした。直感にしたがって行動しただけだそうです。

はじめのうち、日本の語学学校で英語を教えていました。そのうちに、少しずつＤＪの仕事の声もかかるようになっていったそうです。

I live in Japan ベイ（ＢＡＥ）キャンペーン

アトランタでも日本でも、女性のＤＪの数は少なく、ジェイダさんは少数派でした。そのことは、ＤＪを志望する若い女性には大きな壁になっていました。そこでジェイダさんは、アメリカで仲間の女性ＤＪとともに「ベイキャンペーン」を立ち上げました。誰もが参加できるような音楽の機会をつくることが、女性のＤＪを増やすために大切だと思ったからです。ベイ（ＢＡＥ）とは Before Anyone Else（誰よりも先に）の略です。

そしてまず女性限定の音楽イベントを企画しました。ＤＪはすべて若い女性ばかりのイベントです。

イベントの開会にあたって、このベイキャンペーンは新たな挑戦であること、そして男性中心の社会に風穴をあける象徴的な運動であること、女性達の活動をサポートしていきたいということなどを訴えました。

このパーティ(実は参加者は男性も多かったのですが)は、ポジティブなエネルギーに満ち溢《あふ》れ、大盛況となったそうです。

「このイベントは大成功でした。男性も女性も、共に楽しんでくれました」

その後、このような女性の手によるダンスイベントを日本でも開催しました。これもまた彼女にとって大きな賭けでしたが、アメリカでの経験もあったので不安はありませんでした。

「全力をつくせばうまくいくはず」

たとえ失敗したって問題ではありません。新しいことをはじめることが大事なのです。

I live in Japan

後悔しないように

ジェイダさんへのインタビューのおわりに、彼女がこれまで経験してきたことによって自分自身が強くなったと思うかどうか、聞いてみました。

ジェイダさんは、ちょっと考えてから、自分の力を信じていること、そして自分に自信をもって自分を大切にすることが大切だと答えてくれました。自分を大切にできれば他人を大切にすることもできるのです。

自信をもって後悔しないように生きる……、これは音楽を通してジェイダさんが培ってきた生き方です。

「ラジオをやっていて、これまでの自分の生き方が間違っていなかったと思います。素敵な音楽番組をやることができて満足しています」

ジェイダさんの目的はお金を稼《かせ》ぐことだけではありません。いちばん重要なのは、自分にしかできない自分らしいことをやることです。

そうして、今も、自分の目指す夢にむかって歩み続けています。必ずしも収入の高い仕事というわけではありません。けれどもジェイダさんはいつもポジティブな気持ちでいます。

彼女の眼はキラキラと輝いていました。

ジェイダさんが日本で感じたこと

- 日本が大好き。日本社会は外国人にとって無限の可能性に満ちています。もちろんいろいろな問題はあるかもしれませんが、東京はこれからますます国際的な都市になっていく可能性があると思います。
- 日本の音楽が好き。たとえ、歌詞が分からなくても音楽を聴いていると世界観が広がっていくように感じます。

・日本に住むことが自己発見の場になります。何にでも一生懸命取り組み、たとえ何かが起こってもそれを乗り越えることで自分が強くなっていくのを感じます。

カンボジアのおばあちゃんへの手紙

池田　莉奈（仮名）
Rina Ikeda

I live in Japan

多様な子どもたちが通う小学校

いま、日本の学校では、たくさんの外国籍の子どもたちが学んでいます。なかには、日本語は不自由であったり、日本の習慣に慣れていなかったりして、勉強をしていくうえでたくさんの困難に直面している子どもたちもいます。

神奈川県のある県営団地にはさまざまな国の方々が住んでいて、この地域の子ども達が通う小学校では、多文化共生をめざした取り組みが行われています。日本語が不自由な生徒に対する日本語教室や異文化を理解するための催しなどが積極的に行われています。

多様な文化的背景をもつ児童が通う小学校、子どもたちはどんな思いで通っているのでしょうか。

ここでは、かつてこの小学校に通った児童の思いを手紙の形で紹介します。

カンボジアのおばあちゃんへの手紙

おばあちゃん、元気ですか？

私は今年、小学校を卒業しました。そして、いま中学校に入学するための準備をしています。母国・日本での生活の次のステップに進むのを楽しみにしています。

私が通っていた小学校での生活についてお話ししますね。

友達はたくさんいて、みんな優しくて、毎日、とても楽しかったです。一番の親友は同じ六年生の女の子です。彼女は中国人です。

私たちは同じ団地に住んでいて、いつもいっしょに学校に登校しています。学校までは一〇分くらいです。大きな家や野菜畑を通りながら、授業のことや先生のこと、友達のことについておしゃべりします。登校の途中でいろいろな国の方々に出会うこともよくあります。みんな同じ団地に住んでいます。

クラスの活動や勉強についていくことができたので、学校が楽しかったです。先生からは、「日本語がまだあまりできなくて授業についていくのが大変そうな子がいたら助けてあげてね」と言われています。

友達の手伝いをすることはとても楽しいです。そんなとき、私は必要とされていると感じるし、私が友達の役に立っているなって思えるからです。

難しい日本語に苦労して困っている友達に比べて、私は家でも日本語で生活しているので、言葉の問題はまったくありません。

おばあちゃんのところに行ったときだけカンボジア語を耳にします。

特にご先祖様をお祭りする儀式でカンボジア語を聞きますね。そんなとき、私もカンボジア語ができたらいいなあと思います。おばあちゃんが、私がカンボジア語を勉強するのを励ましてくれるのがうれしいです。

学校では、みんなと日本語で話します。私のクラスでは、半分くらいが外国人で、アジアの国々から来た子が多いです。でもみんな日本語でしゃべったり遊んだりするので、国の違いを意識することはありません。先生も私たちを外国人として区別して扱ったりしません。

ただ、学校でそれぞれの文化的な行事があるときにはお国柄を感じます。中国の獅子舞を踊ることもあります。違う国の文化を知るのはとても楽しいです。学校には国際理解のための授業があり、外国人の保護者が来て、それぞれの国の文化について話してくれることがあります。私はそれがとても好きです。

私の好きな科目は音楽。リコーダーを吹いたり、コーラスで歌ったりするのが好きです。算数と理科は苦手。でもなんとかやっているから大丈夫。英語は好き。将来、アメリカで勉強したいなと思っています。

宿題はひとりでやります。わからないことがあったら、お兄ちゃんに聞きます。お父さんとお母さんは、学校でやっている勉強についてくわしく知っているわけではないから、宿題のことは聞きません。

六年生は最終学年だったので、中学に進むための準備で忙しかったです。そして将来のことも少し考えました。

いまのところ三つの案があって、どれがいいか決めていません。

ひとつめは、日本のファッションデザインが好きなのでファッションデザイナーになりたいです。家族といっしょに原宿に行ってかわいい服を見るのがとても楽しかったの。

もうひとつは、警察官か弁護士になりたい。正義の味方になりたいの。困っている人がいたら公正な裁判を受けるのを手伝ってあげないといけない。それは警察や弁護士の仕事でしょう?

学校でも、よく喧嘩を止めさせてと頼まれたり、もめごとがあったときには仲裁を頼まれるの。家でも刑事ドラマを見るのが好き。対立が起こったときは、解決するためには、お互いの話を聞くことが大事。だから、もし私が弁護士になったら、まず互いにきちんと話し合いをしてもらおうと思っている。そしてもし私が、どちらが正しくて、どちらが間違っているか、判断を求められたら、できるだけ客観的に判断しようと思う。

私はそういうのが好きだから、たぶんこの進路を選ぶと思います。ときどき、お父さんと私の夢について話し合います。お父さんは、私の好きなようにしなさいと言ってくれます。

おばあちゃん、私はカンボジアが好き。なぜなら、いとこや親戚といると、とても楽しいから。よくいっしょに遊んだしね。私はカンボジア語は話せないけれど、いっしょに食事をしたりできる。生まれたのが日本だから日本が故郷だと思っているけど、カンボジアは家族のいる国だと思っています。

日本とカンボジアでは違うことがあります。たとえば、日本は清潔で、いろんなことがきちんとしている国。人びとは優しくて、電車は時間通りに運行しています。カンボジアは、システムはととのっていないし、道路は穴ぼこだらけ、でもカンボジア料理は最高だと思ってます。

また手紙を書くね。おばあちゃんが作ってくれるポボー(カンボジアのおかゆ)は世界一だよ。またおばあちゃんの家に行ってポボーを食べたいな。

莉奈より

おばあちゃんのポボーの作り方

・材料：お米、ナンプラー、鶏肉、桜エビ、ニンニク、もやし、レタス、ネギ、塩、砂糖、香菜、レモン

・お米、鶏肉、桜エビを煮込んで、ニンニク、塩、砂糖、ナンプラーを入れる。お米が柔らかくなったら、レタスとネギ、もやし、香菜を載せ、レモンを搾る。

落語の世界へ

ダイアン吉日
Diane Kichijitsu

漫画：水野あきら

I live in Japan

バイリンガル落語家

ダイアンさんは、着物がよく似合うイギリス出身の女性です。日本の伝統文化に惹かれ、茶道や華道を学び、落語家として活躍しています。

どのようにして落語家になり、どんな活躍をしているのでしょうか。

I live in Japan

幼い頃のダイアン

ダイアンさんはイギリスで生まれ育ちました。

幼い頃、世界各地の人形を集めていて、人形で遊ぶのが好きでした。子どもの頃はおとなしくて、人前で何かをするのは苦手でした。その代わり、よく世界中を旅することを空想していました。

初めての海外旅行は十代のとき、学校からのオランダ・ベルギー・フランスの三か国を回る旅でした。

子どもの頃のダイアン
ダイアンさんはイギリスで
生まれ育ちました。
幼い頃、彼女は世界中の
人形と遊ぶのが好きでした。
Liverpool
How are you?
部屋で、世界中を旅することを
空想していました。
初めての
海外旅行は
10代のときでした。

I live in Japan

ダイアン、日本を旅する

日本に来たとき、まだ日本語は話せませんでした。バックパックを背負って、日本のあちらこちらを旅しました。北海道では、牛を載せたトラックに乗せてもらったこともあります。

ダイアン日本へ
日本語を話せないけどヒッチハイク!
大きなバックパックを背負って日本中を旅行しました。
ある日、北海道で…
Thank you!
後ろに乗りな
ヴォオオ
Please stop!
この牛さんたち食べられちゃうの?
ヴォオオーッ!
WOW!

I live in Japan

大阪が好き

大阪の人はまるで誰もがみんなコメディアンみたいでおもしろかったです。

たちまち大阪が好きになって、大阪に住むことにしました。

特に着物が大好きになりました。

着物には、四季の移り変わりが描かれたりしていて、ストーリー性のある絵柄もありますね。

着物が好き!
あめちゃん
なめへん？
まけてーな
ええやろ
まるでコメディアンのような
大阪の人々に惹かれて、
大阪に住むことにしました。
着物が大好きになりました。
着物の着付け教室
にも通った!
着物の柄には
ストーリー性も
あるわぁ

I live in Japan

日本の伝統文化は素晴らしい

日本の伝統文化はどれも素晴らしいです。シンプルななかに深い芸術性がある茶道や、四季を感じる生け花……。

お正月の獅子舞もかわいらしくて大好きです。

伝統文化に魅了された
深い芸術性に惹かれて
茶道を学びました。
四季を感じる
生け花を習い……
それに、獅子舞も。

I live in Japan

落語の世界に入る

落語を聴いて、その面白さにたちまち魅了されてしまいました。

故桂枝雀師匠の落語会でお茶子《ちゃこ》を務めたことがあります。お茶子とは、高座の座布団を交換したり、演者の名前が書かれた「名ビラ」をめくったりする役割です。

落語の世界へ
落語を聴いてびっくり!
大好きになりました。
これだっ!

故桂枝雀師匠の落語会で
お茶子を務めました。
お茶子の仕事は、、、、
〈かえし〉
演者の座る
座ぶとんを
裏返す。
枝雀
〈めくり〉
名ビラをめくる。
お茶を出す。

I live in Japan

英語で落語

落語の世界にすっかりはまり込んでいたとき、友人たちから落語家になることを勧められました。そう言われてその気になりましたが、その一方で、「外国人の女性なんかに落語のよさが理解できるはずがない」と言われて落ち込んだこともあります。

「ダイアン吉日《きちじつ》」という名前で落語をやっています。大好きな着物を着て演じているんですよ。

英語で落語も演じます。日本人のみなさんは落語をよくご存じなので、英語の苦手な日本人からも、ダイアンの英語の落語が理解できると言われました。表情豊かにすると、英語が伝わりやすくなるようです。

学校に招かれて生徒のみなさんの前で英語で落語をやることもよくあります。

友人たちから、落語家になることを勧められました。

落語を通して、言葉の壁を乗り越えることができます。

『Takoyaki Time』

作：ダイアン吉日（上方落語『時うどん』の英語版）

I live in Japan

海外で英語で落語の公演をすることもあります

今までにインド、トルコ、シンガポールなどをはじめ、多くの国々で英語落語をやりました。

聴衆の中から人を選んで、落語のワークショップをすることもあります。

英語の落語を通して、日本文化を世界に伝え、素敵な文化交流をしています。

聴衆の中から人を選んで、落語のワークショップをすることもあります。

まとめ ダイアンさんが人生のなかで大切だと思うこと

1、冒険

2、社会に貢献すること（被災地で落語をやったことがあります。）

3、伝統を守ることの大切さ。着物の着付けの学校にも通いました。生け花と茶道の師範免許もあります。

4、落語が好き。落語を通していろいろな人に会ったり、エネルギーをもらえます。

5、自分自身を信じること

6、夢を追いかけ続けること

多様な文化を尊重する教育

グローバル・インディアン・インターナショナル・スクール
Global Indian International School

I live in Japan

国際的な視野を養うインターナショナル・スクール

東京都江戸川区西葛西《にしかさい》にグローバル・インディアン・インターナショナル・スクール（GIIS）という学校があります。二〇〇六年に開校したこの学校では多くの子どもたちが学んでいます。

GIISはシンガポールやマレーシア、タイなど各国に学校があり、ここ西葛西にある学校もその一つです。開校から一〇年が経過し、この地域でもよく知られる学校になりました。

西葛西の駅でタクシーに乗って、運転手さんに「インディアン・インターナショナル・スクールに行きたい」といえば、道順を説明しなくてもタクシーは学校まで連れてきてくれます。最近、西葛西周辺には多くの外国人が住むようになっていて、それがこの地域の新しい特徴となっています。

「GIISはこの地域によい変化をもたらしてくれました。これからは日本人ももっと国際的にならなくてはいけませんからね」とタクシーの運転手さんは言っていました。

学校の入り口を入ると、ガンジーの銅像が迎えてくれます。ガンジー像の首には、日本文化のシンボルともいえる折り鶴がネックレスのようにかけられています。日本とインドという二つの伝統的な文化を共に学ぶという学校の姿勢がよく伝わってきます。互いの文化を尊重するという姿勢は、子どもたちが国際的な視野を身につけるうえで重要なことで、さまざまな国籍の生徒が学ぶこの学校の重要な方針なのです。
生徒はインド出身者が多いですが、日本、フィリピン、スリランカ、パキスタン、中国、

韓国などの国籍の子どももいます。

授業は英語で行われます。国際的な視野を養うことをめざし、ガンジーの「誠実、忍耐、協調、平和(honesty, tolerance, harmony and peace)」の精神にもとづいたカリキュラムが組まれています。

I live in Japan さまざまな文化が混ざり合う

学校の一日は、「アセンブリー」と呼ばれる朝礼(集会)ではじまります。そこではおもに校長先生や教員たちがガンジーの教えや日々の出来事にもとづいたお話などをします。

授業は生徒たちが活発に意見を出し合う参加型の授業で、さまざまな考え方が出され、それらを生徒たちが互いに認め合い議論します。このことは国際感覚を育み、協調性を養うことに役立っているといえます。ヨガの授業もありますし、日本語や日本文化について

子どもたちが描いた日本とインドの切手風のデザイン

の授業もあります。

授業のほかにも国際理解のためのさまざまな活動があります。そのひとつが海外の系列校との交流で、たとえば、チェスの競技会などが開かれます。互いの学校の同じ学年同士でチェスの腕を競い合います。

これらのことを通して、異なる文化的な背景をもつ子ども同士が自然なかたちで交流できるようにしています。校長のラジュシュワリ・サンバトラジャン先生によると、互いの違いを認めながら理解し合い、協力しながら同じ目的に向かって進んでいく国際感覚が養われていくのだそうです。

英語が母語でない生徒もいますが、英語で意思疎通をはかります。多様な意見が交わされ、活気に満ちた場になります。

サンバトラジャン先生は、「このように人と人が意見を交わすることによって、深みのある新たな発想が生まれてくるのです」。そして「異なる文化的背景をもつ生徒たちがいっしょに活動をするとき、彼らは互いに異なる文化、異なる国籍であることは気にならないようです。自然なかたちで混ざり合うことによって生み出されるものは、授業で教師が一方的に教えるようなかたちで作り出せるものではありません」と言います。

I live in Japan

それぞれの文化を尊重する

それぞれの国の伝統的なお祭りを祝うことは、多文化主義を尊重するための重要な方法のひとつです。

たとえば、ディーワーリーというインドのヒンドゥー教の新年のお祝いは全校生徒が祝います。「光のフェスティバル」として知られていて、インドでは数億人もの人たちが一

子どもたちが描いた絵

○月末から一一月にかけての五日間を祝います。闇を光が照らし、善が悪に打ち勝つことを象徴したお祭りだそうです。生徒たちは伝統的な衣装を身にまとい、光のシンボルとしてろうそくを掲げ、お米で作られた甘い特別な料理を食べます。国籍にかかわらず、生徒たちみんなでディーワーリーを経験するそうです。

同じように七月七日の七夕は、一人ひとりの願いごとを書いた色とりどりの短冊が下げられた笹を教室に飾ります。この他、ガンジーの生まれた日(インドでは「ガンジー記念日」と呼ばれています)のお祝いもします。

先日は、生徒たちによって、サンスクリットの叙事詩「ラーマーヤナ」の劇が日本語で演じられました。「ラーマーヤナ」は、正義のために闘ったヒンドゥーの王子ラーマの物語です。

「インドの叙事詩を日本語で演じることは、子どもたちにとって素晴らしい経験になります。生徒たちはとても楽しんでいました。子どもたちがセリフや衣装や音楽をいっしょに考え、素敵な劇に仕上げました。ラーマーヤナをいろいろな国の子どもたちが力を合わせてやっている姿を見るのがとても素晴らしかったです」

I live in Japan

国際的なリーダーシップ教育

多様性を尊重する学校の方針は課外活動にもあらわれていて、空手やサッカー、書道、インドの伝統舞踊であるカタック、タブラと呼ばれるインドの打楽器などがあります。また、第二言語として日本語、フランス語、ヒンディ語、タミル語も学べます。

国際的な基準に準じたカリキュラムが組まれているので、生徒はイギリスやその他のヨーロッパの国々や米国の大学に進学することもできます。

インドの進んだ数学教育の評価が高いこともあり、実践的な数学のカリキュラムも組まれています。生徒たちは映像やデモンストレーションを通じて視覚的に理解できるようになっています。またリーダーシップ教育にも力を入れています。英語で行われるプレゼンテーションの授業を通じて表現力を養い、国際的なリーダーシップの力を身につけます。国際的な問題について関心を深めるため、多文化主義にもとづいて授業は行われます。文化的、社会的に異なった背景をもつ生徒たちがさまざまな視点から意見を述べあい、それが時には激しい議論になることもありますが、むしろそれは歓迎されています。

たとえば、日本における貧困の問題を扱いながら、視点を海外に向けて世界の貧困問題について学ぶなど、生徒がより広い視野から考えられるような授業をします。

なぜ人は貧困になるのか、国ごとに比較しながら、絶対的貧困の概念や、貧困に陥る要因、資源の不平等な分配の問題、貧困削減のための政策などを議論します。

インドは世界第二位の人口をもつ国ですが、国連の調査によると、人口の四〇パーセント以上にあたる四億五六〇〇万人が、一日当たり一ドル以下で生活しているといわれています。貧困は社会から取り残される人々を生み出し、社会基盤を弱めてしまいます。貧困は、経済構造に要因があると同時に社会正義の問題と関わっているとも見なされます。議論は裕福な子どもと貧困の子どもとを比較しながら行われます。

さまざまな視点を示し、子どもたちがその問題に深く共感しながら考えられるように授業は展開します。


このようにＧＩＩＳでは、多様な文化的背景をもつ生徒たちが、ともに学ぶことによってさまざまな文化に触れ、それらを尊重することによって、グローバルな視野を養うことをめざしているのです。

I live in Japan

ボクはお笑い芸人

ボクは、日本を代表するエンターテイメント企業のひとつ、よしもとクリエイティブ・エージェンシー所属のお笑い芸人です。生まれはオーストラリアのパース。お客さんによくウケるネタがこれ。

「どこから来たの?」
「オー、・・・、オー・・・・、オウ、オーウ・・・、オース、オースト、・・・・・・、オーストッ・・オーーーストラッ・・・・、オーストラリアーーーーーーーーでーす!」(ボクの師匠のぼんちおさむ師匠のネタへのオマージュです)

もうひとつ。

「(港の船の係留地で)ここに停めてあったんだけど、ボクの潜水艦知りません？　窓開けっ放しやったからな、気になって・・・・」

……これは、ボクだけがウケるヤツかも知れん(笑)

◎◎チャドがお笑い芸人になった経緯を日記風にたどってみよう。

◆一九九五年

某月吉日　一五歳。はじめて日本に行く。

とうとうこの日がやってきた。生まれてはじめての海外旅行や。超コーフンする。これから日本へ行くんや。行き先は兵庫県の明石市。ここは西オーストラリアの姉妹都市なんやて。阪神淡路大震災の直後、テレビでも被災の様子を映してたから状況はだいたいわかってる。だから日本に着いたら自分に何ができるだろうか、と考えていた。

交換留学生としてボクは日本でどうすればいいんやろう。日本に着いて、楽しそうな雰囲気を出して、外人だから戸惑っていると思われないようにふるまった。新しい地で会う人だれとでも友達であるかのような感じでやってたな。

実は、交換留学生として選ばれたとき、特に日本に興味があるわけやなかった。日本語を少しは勉強していたけど、それは学校の授業で第二外国語としてあったから、というくらいの理由しかない。

交換留学に応募した大きな理由は、とにかく、このオーストラリアから抜け出して、新しい体験をしたかったからなんや。だから海外に行けるというだけで大興奮やった。

日本に行くことは、両親は応援してくれたけど、その一方で、とても心配もしてたみたいやな。なんといってもまだ一五歳やったからな。出発するときには、ちょっと涙ぐんでたけど、エエ経験をしてこいや、と送り出してくれた。ボクは飛行機に乗ったらすぐに眠ってしもたな。

某月吉日　兵庫県到着

最初のホームステイ先のあと、しばらくして新しいホストファミリーのところにうつった。そこは震災の被災者の避難住宅やった。シングルマザーと息子がひとりの家庭で、お母さんが女手ひとつでがんばって子育てをしてて三つの仕事を掛け持ちして大変そうやったなあ。

それから三つめのホストファミリーのところに移った。そこではまたこれまでとは違っていた。そこの家の兄さんとけっこう仲良くなったんや。彼らはボクのことをちょっと風変わりな、面白いヤツやと思ったみたいやな。それは、ボクがけっこう好奇心旺盛でいろんなことに首つっこんだからかもしれん。

あるとき、テレビでお笑い番組を見た瞬間、ボクの人生は大きく変わった。お笑いは衝撃的やったし、芸人はとにかく魅力的やった。

日本のお笑いは、オーストラリアのコメディーとはまったく違っていた。マイクの前で機関銃のようなスピードでしゃべる漫才を見てスゲェと思ったんや。

はじめのうちは、何を言うてるのか、全然わからへんかったけど、少しずつわかるようになってきた。そうすると、ますます深く面白さを理解できるようになってくる。

実はボク、日本に来る前からコメディアンになりたいなと思っていたんやけど、交換留学の期間が終わって、オーストラリアに帰ってからも、日本で芸人になる決心はつかんかった。でも、オーストラリアのテレビで見るコメディーは、日本のお笑いと比べると、とてもつまらないものに思えてきたんや。それで、オーストラリアの日本語スピーチコンテストでお笑いのネタをやって優勝したときに、日本でお笑いをやろう！って決心したんや。

大学受験の勉強をしている間にバイトして、日本に行くために資金を貯めた。貯めたお金はわずかしかなかったけど、大阪行きの飛行機に乗った。なんとかなるやろ思てな。若かったんやね。そのとき、実は、吉本の学校に入る許可なんか何ももろてなかった。だって、吉本に電話をしたんやけど、入学許可の返事なんてもらえんかったからな。あとになってわかったことやけど、当時は、日本の若者にも簡単に入学を認めんかったらしいな。芸人志望者の九九パーセントは、お笑いを断念するらしいし。ほやから、時間とお金のムダだということらしい。

まあ、とにかく、大阪に着いて、吉本に行ってみたんや。そこで、もちろんダメやと言われて……。

でも、仕方ないからとにかく次の日も同じように行ってみたんや。

すると、びっくりしたで。今度はマスコミがぎょうさんボクを待ち構えてたんや。

なにが起こったのかというと、どうやら吉本の人が手配してくれたみたいなんや。昨日はダメやと言うたけど、それを上の人に話したら、外国人がわざわざ日本のお笑いをやりたいと言うて来るなんておもろいやないか、それは吉本のええ宣伝になるやろ、ということになったらしい。つまり、そのお偉いさんは、ボクの味方だったわけではなく、単にボクを利用して商売しようとしただけにすぎない。なんてけったいな商売なんや！

でもボクはメディアの興味をひき、リポーターに囲まれた。そして「日本のお笑いのどこに惹かれたのか」とか、いろいろ質問を浴びせられたんや。そうして、そう、一躍有名人になったというわけ。もっとも、まだ実力も実績もない芸能ニュースのネタに過ぎない偽物の有名人やけどね。

こうして吉本の養成所ＮＳＣへ入学を許可され、初の外国人ＮＳＣ生として一年間学んだ。もっとも、「学んだ」って言うてもなにか決まったカリキュラムがあるわけやなく、それほど期待されてもなかった。教える側はむしろ、早く辞めてくれんかなあと思ってたかもしれん。シビアやろ？　でも、まあ、たしかに、どうせうまくいかないなら、時間を無駄にしないで早めにあきらめたほうがいいかもしれんな。

あの頃は、ＮＳＣはまだあまり学校らしい雰囲気はなかった。先輩たちはたまにアドバイスをしてくれる。「おもろければ、仕事にありつける」ということや。とってもわかりやすいやろ？

そこで相棒を見つけてウケるネタ作りに励み、とにかくお客さんを笑わせなければならんかった。お客さんていうても、吉本の先輩芸人たちやで。彼らを笑わせなあかんのや。もちろん、なにか決まった方法があるわけやない。つまり自分たち次第なんや。

あとは時間があるときにはいつも「なんばグランド花月」でバイトをした。当時はお笑い好きの外国人なんか珍しかったから、吉本は興味を持ってくれたんやと思う。そんなこんなで、なんとか舞台に立てるようになっていったんや。

◆一九九九年

某月吉日　修行

ボクの師匠は、ザ・ぼんちのおさむ師匠。おさむ師匠の弟子としてボクの芸人修行がスタートした。お笑いの世界にはひどい師匠もいるみたいやけど、おさむ師匠はとてもよくしてくれたなあ。ボクのために朝ごはんを用意してくれたこともあるんやで。

おさむ師匠が舞台で演じている間、舞台のそでに控えておしぼりを持って待機するのがボクの役目。日本のお笑いの修行はとても独特やな。師匠を観てその技を盗んでいかなあかんのや。

こうしているうちに他の芸人さんにもぎょうさん会うた。彼らが演じる様子もしっかりと見てた。舞台が終わったあとで挨拶せなあかんからね。

ここで、こういう修行ができることはありがたいことやった。これこそが芸人になるための正しい道なんやから。

ダウンタウンの松本人志さんとの出会いは記念すべきことや。そして松本さんがボクのことをおもろい言うてくれてはることを知ってとてもうれしかった。お笑いは言葉の壁を越えられるんやな。

松本さんは会うた瞬間から人を魅了する何かがある。松本さんと話すと本当に楽しい。食事に連れて行ってもらった。ボクが大阪弁がうまいオーストラリア人なので「大阪ラリア人」とか言っていじられたりしてかわいがってもらった。

◇　◇

そうして、今、ボクは、ルミネtheよしもと劇場で舞台に立ったり、テレビのお笑い番組に出たりしてる。「いただき∞」(ヨシモトファンダンゴTV)とか、映画では「のだめカンタービレ最終楽章」(二〇〇九)、「新選組オブ・ザ・デッド」(二〇一五)、「劇場版　仮面ライダーゴースト」(二〇一六)なんかに出させてもろてる。そしてプロの芸人を目指す若者にお笑いを教えてもいるよ。

今までの芸人修行で学んだことは、そうだなあ、その時々に適切な行動をすることかな。ボクは大金を手にしたわけやない。お金がないから友達のアパートに転がり込んで押し入れに居候させてもらってたことも。ご飯を食べさせてもらうかわりにトイレ掃除をしたりして。

でもお金はなくても、そのときにやるべきことをやり、目的を持つこと。そしてたとえ大変なことがあっても夢を実現するためにあらゆるチャンスを逃さないこと。それが大事やと思う。

そんなことをずっとやってたら、ボクはなんとか稼《かせ》げるようになった。そして、一番思ったのは、お金も、人生も、「どれほどあるか」というよりも、「どれだけオモロイ使い方をしているか」――常にそんなことを考えていると、最高にリッチな人生を送れると思うで！

某月吉日　舞台

芸人は舞台に立って観客の前で演じることでのみ成長できる。だから舞台に立つための努力が必要だ。ボクは自分のことを外国人だとは意識してないなあ。なにか壁を感じることもあるかもしれないけど、そんなのは軽く取っ払ってしまえばええやん。それができないというなら、人種や文化の違いというよりも、そのこと自体が問題やね。……

チャドさんからのアドバイス

- お笑いには文化の壁はない。文化の壁は乗り越えられる。

・英語を話すことだけが外国人と知り合う方法なんかやない。そんなことよりも一〇万倍も大切なことは、まずはじめに自分が相手に伝えるべき何かをもつことや。英語で「あなたの趣味は何ですか?」と聞くよりも、「ボクは×××、いっしょにやらないか?」て言えたほうがずっとカッコええと思うで。

親子写真から見えてくるもの

ブルース・オズボーン
Bruce Osborn

イラスト：Yura Osborn

I live in Japan

ふたつの文化のなかで

日本で長年にわたって親子の写真を撮り、「親子の日」など親子プロジェクトにたずさわっているブルース・オズボーンさんは、アメリカ出身の写真家です。

日本人女性と結婚し、日本で生活しています。日本で暮らしているとさまざまなところで日本とアメリカの文化の違いを感じるそうですが、ブルースさんはそれぞれの考え方を大切に思っています。

たとえば、子育て。アメリカでは、子どもたちは個性的であることを求められ、早く一人前になって自立するように育てられます。親ライオンが子どもライオンを谷底に突き落として育てるようなものかもしれません。

ブルースさん自身、幼いときから子ども部屋で一人で寝るのは当たり前でした。自分の

ブルース・オズボーンさん

部屋は自分で掃除し、犬の世話をし、ごみ捨てや庭の手入れなど幼いころから家の仕事を手伝いました。ときには家の前にスタンドを立て、クッキーとレモネードを近所の人たちに売ってお小遣いを稼《かせ》いだこともあったそうです。小学生や中学生のときには、洗車や芝刈り、新聞配達などいろいろなアルバイトをしたものです。

それに比べ、日本では、根っこがつながっていっしょに育つ植物のように、子どもは自分の一部という認識を親が強く持っています。ですから、子どもが大人になってからも親子の絆《きずな》はとても強いものになります。

ブルースさんが日本で子育てをしているとき、住んでいた小さなアパートでは、隣近所の人たちがまるで本当のおばあちゃんのように子どもの世話をしてくれました。ブルースさんの娘さんたちは、そんな近所のおばちゃんに料理を教わったり、友達が来たときなどにはホットプレートでオヤツ代わりのホットケーキを焼いて食べたりしていたそうです。だから、子どもたちはお母さんがご飯を作るときも進んでお手伝いをしました。

I live in Japan

古いものと新しいもの

「日本人は海外から新しいアイディアを取り入れるのがとても上手だと思います。そして日本の伝統的なもののなかに新しいものをうまく組み合わせていきます。

海外のポップカルチャーや芸術、科学技術など、好奇心旺盛に最新のトレンドを取り入れようとします。英語の言葉なんかにも敏感ですね。

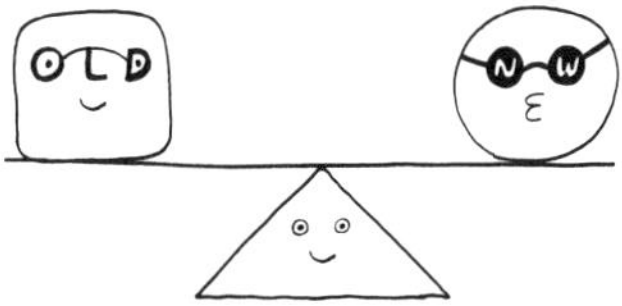

その一方、クールジャパンと呼ばれる日本のマンガ、アニメ、そして和食や歌舞伎などの伝統芸能は、外国の人たちに大人気です。

日本の人たちは外国の文化を取り入れることに積極的ですが、同時に、日本人の心のなかに長く受け継がれてきた伝統的なものをとても大切にしています」

I live in Japan

家族　親子写真のこと

ブルースさんは一九八二年から「親子写真」を撮り始め、この活動を「親子プロジェクト」と名付けました。

さまざまな親子の写真を撮ることで、社会のありさまや世の中の変化を感じることができるのではないかと思ったからです。親子写真を撮ると、親と子の似ているところや違っているところ、そして親と子の距離感が自然に写しだされてくるそうです。

二〇〇三年には、親子写真を撮る活動をより広く社会的なプロジェクトとして発展させました。母の日は五月の第二日曜日、父の日は六月の第三日曜日ですよね。そこで、それに続く七月の第四日曜日を「親子の日」と命名したのです。

ブルースさんは、毎年、「親子の日」に一〇〇組の親子（家族も）をスタジオに招き、親子の写真を撮っています。彼の活動に共鳴したほかの写真家たちも、同じように親子写真を撮るようになっています。

そうして今では、ブルースさんの思いに共感する企業や団体の応援を受けて、多くの人たちがそれぞれの「親子の日」を祝うようになってきました。ブルースさんは、いつの日か、この「親子の日」が母の日や父の日と同じくらいに世間で幅広く認知されるようになるといいなと思っています。

I live in Japan

親子の関係が写される

ブルースさんが大好きな写真のひとつに、専業主婦のお母さんとパンクロッカーの息子を撮った写真があります。二人の服装や髪型は全く違っています。どこから見ても共通点など見あたりません。

けれども、実は……このお母さんはライブのステージには必ず行くというほどの息子のバンドの大ファンなのです。そして、ステージ終了後に、バンド仲間やファンであふれ返っている舞台裏に行くのを楽しみにしているそうです。

息子も、母親が主催したあるイベントでお母さんと一緒に歌を歌ったことがあるそうです。この親子のお話を聞いていて、ロッカーの息子の奇抜なファッションからは想像できない程に、親子がつよい絆で結ばれていることを感じたそうです。

このようにブルースさんが撮影した写真には、たくさんのユニークな親子関係が写されているのです。

I live in Japan 子育てのこと

ブルースさんには二人の子どもがいます。彼は子育てに積極的にかかわりました。それが当たり前のことだと思っていたからです。

今はもう、娘さんは成人していますが、娘さんが保育園に通っていた八〇年代には、ブルースさんが子どもたちの送り迎えで保育園に行くと、まわりにいるのはほぼ母親ばかりで、父親はブルースさんただひとりだったことが多かったそうです。小学校の保護者会に出席する父親もほとんど無い時代でしたけど、夫婦で仕事を持っている自分たちの状況を考えたらそ

んなことはまったく気にならなかったそうです。

今は、だいぶ状況は変わってきました。多くのお母さんたちが外に働きに出るようになりましたし、お父さんたちが子育てに積極的に参加し、家事もするようになってきています。なかには専業主夫もいます。

多くの日本の人たちが、過去に縛られずに、積極的に自分たちの生き方を選び取っています。

赤ちゃんにとって、親は、最初に関係をもつ相手です。この親子の関係をベースにして、人と人との関係が広がっていきます。家族、友達、学校の先生、近所の人たち……、そうして人と人の輪が広がっていくのです。家族や友人、そして自分と関わる人たちとの関係において自分が何者であるかということが決まってきます。そう、私たちはひとりではないのです。必要なときには、誰かが助けてくれますし、あなたもだれかを助けることができるのです。

I live in Japan

日本のスタイル

ブルースさんは、日本の伝統的な家が大好きだそうです。畳のある和室では、食事をとることもできますし、夜は布団を敷いて寝る場所になります。襖《ふすま》や障子《しょうじ》で部屋を区切ることができますし、それらを取り払ってたくさんの人が集まる広い部屋にすることもできます。これってすごいことですよね。

日本のスタイルから学ぶこともたくさんあります。子ども部屋はありましたが、子どもが小さいときは家族みんなで川の字になって寝るのが好きでした。いっしょに寝て、いっしょにお風呂にはいって、いっしょにテレビを見たりしながら、家族っ

ていいなあと強く感じたそうです。

I live in Japan

親子の絆

当たり前のことですが、誰にも必ず親がいます。私たちはみんな、親から命をさずかりました。ですから、未来のことを考えるならば、私たちは将来の子どもたちのために平和について、そして地球の環境についてもっともっと関心をもつ必要があります。

私たちはみな、人類が誕生して以来ずっと続いている生命のつながりの一部です。親は過去の人たちとつながり、子どもは未来への橋渡しとなります。親子の写真を撮ると、家族の過去と未来が見えてくるのです。

たとえば、彼らの笑顔やポーズの取り方、ちょっとしたしぐさや表情、

たくさんのことが、親から受け継いだものを映し出します。世代を超えて、命の物語を紡いでいるのです。

ブルースさんが親子写真を撮るとき、被写体になっている親子の特別な絆を探します。撮る前にこちらから何かポーズを指示することはありませず、むしろ、どんなポーズにするか、いっしょにあれこれ迷いながら決めてもらうそうです。

そうして、写真を撮っているうちに、少しずつ、親と子とカメラが互いに響き合っていきます。それはまるで、ジャズのセッションをやっているような気分だそうです。

I live in Japan

すべての子どもが安心して生きていけるように

日本でも、養子の家族や里親家庭などは、最近少しずつ増えています。なんらかの事情で親と暮らせなかったり、親が亡くなってしまっていたりしている子どもが心身ともに豊かに成長していくためには、新しい家族の仕組みも必要になってきています。

ブルースさんは、そのことを多くの人に知ってもらいたいと思っています。どんな家族にも親子関係が難しい時期があるかもしれませんが、家族の温かさは格別なものだということを親子の写真を撮影することでいつも実感しています。すべての子どもは安心して生きていける場所をもつ権利があるのです。

I live in Japan

「親子」はひとつ

ブルースさんは日本語の「親子」がひとつの言葉だということを興味深く思っているそうです。英語では「親と子」というように別々のふたつのものを“and”でつないで表現します。親子をひとつのまとまりと捉える日本人の考え方と、それぞれ独立した別のものだと考える欧米人との考え方の違いを表しているのかもしれませんね。

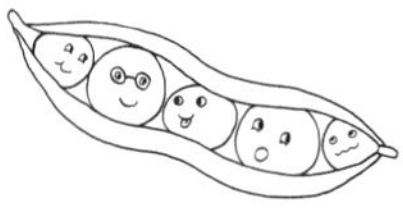

自分を信じて自分らしく

吉川プリアンカ
Priyanka Yoshikawa

I live in Japan

ミスワールド代表に選ばれて

「美しさとは自分らしさを大切にすることだと思います」

二〇一六年のミスワールド日本代表の吉川プリアンカさんは、私のインタビューにそのように答えてくれました。この言葉は取材に答えるためにあらかじめ用意してあったコメントなどではなく、彼女の心の底から発せられた言葉です。

吉川さんは、インド人の父と日本人の母のもとに生まれました。日本で生まれ、カリフォルニアとインドで暮らした経験があり、そして現在は日本に住んでいます。いわば、父親と母親のそれぞれ二つの文化の下に生まれ、三つの文化の中で育ってきたといえます。このように豊かな文化的背景をもっていることは、彼女にとって、とても大きな意味をもっています。

吉川さんは、身長一七六センチ、黒く大きな瞳と長い艶《つや》やかな髪が魅力的です。取材時には赤いミニスカートに黒いストッキング、そして黒いセーターというファッションがとても素敵でした。日本語に加え、英語、ベンガル語にも堪能《たんのう》だそうです。

I live in Japan

アートセラピー

吉川さんがミスワールド日本代表に選出されたことは、画期的なできごとでした。マスコミの多くは、彼女が二つの文化的背景をもつことに注目しました。〝純粋な〟日本人ではないことに対する驚きのコメントなどもあったそうです。

「私は日本人です。そしてインド人でもあります」と彼女は言います。国際結婚の数がイギリスの一〇分の一程度しかない日本では、二つの国の親のもとに生まれた子は「ハーフ」と呼ばれて珍しがられます。けれども彼女は珍しい存在として生きてきたわけではありません。

幼いころは日本にあるシュタイナーの幼稚園に行っていました。

「幼稚園は大好きでした。他の日本人の子どもたちと違った扱いをうけることはありませんでした」。絵が好きで、いろいろな絵を描いて自分の気持ちを表現していたそうです。

「私にとって絵は大切なコミュニケーションの手段でした。絵を通して友人たちの心のなかの思いを感じ取ることもできました。絵は心の奥底にある感情を表現してくれるのです」

そうして彼女はのちにアートセラピーを学び、アートセラピストの資格を取得しました。日々の生活のなかで辛いことや嫌なことがあったときにアートは自分自身の心を癒すのにも役立ったそうです。

プリアンカさんが描いた絵

十代の思春期は誰にとっても悩みの多い年頃ですが、特に二つの国の親をもつ彼女の悩みは大きいものだったに違いありません。他人から好奇の目で見られたり、偏見にさらされたり、嫌な思いをしたときにアートセラピーに救われたことがよくあったそうです。

そうして今、アートセラピーの講座やワークショップを主宰しています。

生きていくうえでさまざまな困難に直面し、それを乗り越えようとしている若者たちがアートを通して何かヒントを得ることができれば、と思っています。そうして、アートセラピーによって壁を乗り越える道を見つけていく人も多くいます。

「不安を抱え、混乱した心はアートで癒すことができるのです。アートセラピーは、そのような人が生きる道を探り当てるのをサポートするためのとてもよい方法なんですよ」とその意義を説明してくれました。

I live in Japan

日本らしさ

吉川さんは、この世の中をより良い社会にしていくために役立つことをしたいという夢を以前からずっと抱いていたそうです。ミスワールドに応募したのも、もし自分がミスに選ばれたら、広く社会に自分の声を伝えることができるかもしれないという思いもあったそうです。

ですから、選考会でのスピーチは、二〇〇パーセント以上のエネルギーを注いで、ベストを尽くしたそうです。そうして、約七〇〇〇人の応募者のなかから三一人のファイナリストに残り、最終的にみごと栄冠を勝ち取ることができました。ミスワールド日本代表に選ばれたことは彼女にとってとても大きな意味があることなのです。

一位に選ばれた瞬間は喜びと感謝と怖さが入り混じった複雑な感情に包まれて、頭のなかが真っ白になってしまったそうです。客席を見ると母親は笑顔でニコニコしていましたが父親は泣いていました。

彼女が日本代表に選ばれたことで、日本が多様な文化的背景をもつ人たちが暮らす社会であることを広く世界に示したといえます。日本らしい美しさの意味が広がったともいえるかもしれません。

吉川さんは、後にアメリカのワシントンで開催されたミスワールド世界大会には和服で臨みました。

「私は日本人です。日本を代表していることを誇りに思います」

そうしてこの世界大会でもファイナリストに選ばれたのです。

I live in Japan

世の中をもっと良くしたい！

世の中をもっと良くしたいという思いは、十代でインドのコルカタを訪れたときに芽生えたそうです。道を歩いているたくさんの貧しい子たち……、小さな子どもがわずかなお金のために必死に働いているのです。学校に行くお金もなく、一日中食べ物を口にすることができず、たとえ何かを食べられたとしてもほんのわずか……。そこには未来に希望を持てない子どもたちがたくさんいました。

吉川さんは、それまでそんな子どもたちがいることなんて考えたこともありませんでした。自分の住んでいる世界とまったく違った世界があるのを知ったことは大きなショックでした。そしてそのとき、彼らの役に立つことをしたいと強く思ったのです。

この強い思いはその後、日本に戻って学校に通っているときも、モデルとしてファッション業界に入ってからも頭から離れることはありませんでした。

彼女はいま、モデルとして活躍しています。モデルの仕事は大好きですが、それだけにとどまらず、今後、子どもの貧困問題を解決するために役立つことをしたい、そして問題を抱えた若者や、貧困などで将来への希望がもてない子どもたちのために働きたいという思いは常にもち続けているそうです。それにはアートセラピーも役立つと考えています。

二〇一七年には、京都国際観光大使に任命されました。幸いなことに、最近は、若い人たちと話をしたり、メディアに出たり、イベントに参加する機会も増えています。どれもとても意味のある仕事です。

今後、二〇一六年ミスワールド日本代表としての役割を終えた後も、モデルの仕事を続けていくつもりです。そして、いつの日か、女優として活躍したいという夢もあります。インドで暮らしてみたいとも思っています。

これらの夢はすべて、よりよい社会にしていくことに貢献したいという彼女の心の底からの願いなのです。

プリアンカさんから十代の人たちへのメッセージ

・美しさとは、外見ではなく生き方です。それは内面の心です。きれいな服を着たり、高級な化粧品を使ったりすることは誰にでもできますが、心が美しくなければ、本当に美しいとはいえません。あなたの内面の一つひとつが美しさなのです。

・何事にもポジティブに向き合い、人にやさしくしましょう。愛は大切です。愛というのは恋愛のことだけではありません。自分のすべてを愛しましょう。

・自分を信じて、やりたいことをやり、決してあきらめない。そうすればきっとあなたは羽ばたけます。そして素敵な人生を送ることができると思います。

ゴスペル音楽に込められた思い

アンドリュー・ソダ
Andrew Soda

I live in Japan

魂の叫びを音楽に込める

ゴスペルミュージックは一七世紀にアフリカ大陸から英国やアメリカに奴隷として連れて行かれた人びとによってつくられた音楽です。

アフリカの伝統的な音楽にそのルーツをたどることができますが、それは、奴隷として連れて行かれた人びとが新天地で出会ったキリスト教などと結びついて発展していきました。人びとは、過酷な労働や奴隷の悲哀《ひあい》に立ち向かう魂の叫びをこの音楽に込めたのです。

アンドリューさんは若手実力派のゴスペルシンガーとしていま、注目を集めています。

彼のライブはいつもファンであふれています。

「アンドリューの歌はとっても素敵！　彼の歌を聴いていると、日常の嫌なことを忘れることができるんです」
六本木のカフェでライブをおこなったとき、ファンの女性のひとりはそのように言っていました。彼女はアンドリューさんのライブがあるときは必ず聴きに来ているそうです。

アンドリューさんはアフリカ南部のジンバブエに生まれました。ジンバブエはかつてイギリスの植民地だったところで、第二次大戦後に独立運動が起こり、その過程で、人種差別的な政策を推し進める植民地政府と民族解放を求める人びととの間で長く内戦が続きました。その後、一九八〇年にジンバブエ共和国が成立しますが、経済的には厳しい状況が続き、世界でもっとも貧しい国のひとつといわれています。また、言論弾圧など、強権的な政治が批判されることもあります。

I live in Japan

アメリカへ移住

彼は幼いときに母国を離れ、家族とともにアメリカに移住しました。そして、その後、日本に住み、大学で勉強するかたわら、ゴスペルシンガーとして活躍するようになりました。いま、英語や音楽を教えながら、教会で歌ったり、ライブを開いたりしています。ゴスペルミュージックは彼の生活の「支え」となっているそうです。孤独を感じたり、大きな問題に直面したときは特に音楽に深く入り込むのだそうです。この音楽が彼を支えてくれるのです。

「音楽を聴いていると、困難を解決する道筋が見えてくるんです。音楽に込められている魂を聞きとることが大事なんです」

アンドリューさんの家族は、キリスト教一家でした。父は牧師で、子どもには、互いに尊重しあい尊敬しあうことが大事だといつも言っていたそうです。ジンバブエの家は叔父さんや伯母さん、いとこたちもいっしょに住む大家族でした。学校の友人たちもよく遊びに来て、幼い頃はとても楽しかったそうです。

そうして、アンドリューさんが六歳のとき、家族とともにアメリカに移り住むことになりました。テキサス州のダラスでおよそ一〇年間過ごしました。

アメリカでの生活は、それまでのジンバブエでの生活とまったく違っていたので、戸惑うこともたくさんありました。近所の同世代の友人たちと同じように、アメリカンフットボールをやり、アメリカのアクセントで英語を話すようになり、ピザやハンバーガーを食べ、ショッピングセンターにたむろし……、そうして少しずつ、アメリカの生活になじんでいきました。

「なによりもアメリカ社会にとけ込むことが重要でした。みんなと同じようにして、毎日が楽しかった」そうです。

アメリカで学ぶことができるということがうれしくて、勉強も一生懸命にやりました。

「僕のように、貧しい国から来た外国人にとっては、アメリカで学べるなんて夢のようでした。他のジンバブエの人びとにとっては夢のまた夢、けれども、僕にとってはそれが現実だったのです」

I live in Japan

自由を満喫する

なかでも、自由があることや便利さがとても印象的でした。やりたい勉強はなんでもできるし、自由に旅行に行ったりすることもできる。欲しいものはなんでも売っている。

「豊富な商品が並べられているスーパーマーケットが大きな都市だけでなく、僕が住んでいるような小さな町にもあるんです。食べ物も、洋服も……なんでも。これはジンバブエでは考えられないことでした」

同じ英語でありながら、言葉が少し違っていることも新鮮な体験でした。ジンバブエはイギリスの植民地だったので、アンドリューさんは英国風の英語を話します。けれどもアメリカの学校ではアメリカ英語。友人たちは、早口でしたし、アンドリューさんが知らない単語を使うこともよくありました。たとえば、アンドリューさんが「のど」というときに、アメリカ人英語では「首」というような感じです。単語のスペルも、たとえば英国では「colour(色)」と書くのに、アメリカでは「u」を入れずに「color」と書いたりします。

けれどもアンドリューさんはそれほど大きな戸惑いもなくアメリカの生活に自然になじむことができました。さいわい友人もすぐにできました。

以前の暮らしが変わることを恐れずに、友人たちからさまざまなことを聞いて、新しいことを学んでいきました。それが苦にならなかったそうです。

でも、だからといって、自分がアフリカ出身であるという、そのルーツを忘れたわけではありません。友達を家に呼んで家族を紹介し、母親がジンバブエの料理を友達にふるまってくれたりしたこともあります。そのことで、アメリカ人の友人達もアメリカとは異なった文化を知ることになりました。ジンバブエの音楽もよく聴いていました。

そういう経験は、彼にとってもアメリカ人の友人たちにとってもよかったのだと思います。互いに互いのことを学び合うことができたからです。

このときの友人たちとは、今も連絡をとり合っているそうです。

I live in Japan

そして日本へ

そうして一〇年ほどアメリカで過ごしましたが、大学生の途中で、故郷のジンバブエに戻ることになりました。アメリカでの生活に慣れた彼にとってふたたび、「異なった世界が待ち受けていた」というわけです。

ジンバブエでは、友人たちからは、「アメリカで勉強してたなんてすごいね」とうらやましがられて、とても人気者になったそうです。

ジンバブエに戻って、もとの生活に逆戻りしたわけですが、すぐにその生活に慣れました。

「一〇年間もアメリカで暮らしていても、ジンバブエ人としてのアイデンティティは失っていなかったんだ」と思いました。「アメリカではアメリカ人のようにふるまっていて、それはアメリカの生活に適応するためには必要なことだったけれど、中身までアメリカ人になったわけではなかったんです。ジンバブエ人としての自分のアイデンティティをあらためて感じることができたというのは、大きな発見でした。多様な環境のなかで、自分とは何かを考え、自分を見つめることができたことは私にとってかけがえのない宝物になっています」

その後、二〇一一年に家族とともに来日し、日本での新たな生活がはじまりました。

アメリカという異文化のなかで生活した経験がすでにあったので、日本の新しい文化のなかに飛び込むことにそれほど不安はありませんでした。むしろ楽しみに思う気持ちが勝っていたかもしれません。日本の生活や文化をすこしでも多く知りたいと思いました。

I live in Japan 若者たちの変化

「音楽や教会の仕事を通して、そして日本人の友達を通していろいろなことを学びました」

そうして、日本の大学で学び、そして教会でゴスペル音楽を歌い、音楽を教えたりしています。テレビのバラエティー番組のカラオケ大会に出場したこともあります。

アンドリューさんによると、西洋の教会とアフリカ系の教会には少し違いがあるそうです。彼の教会では、礼拝する人たちは、まるでショーのように歌ったり踊ったりします。

歌いながら神の教えを学ぶのです。アンドリューさんは、それがバランス感覚なんだと言います。

「ひとつの方向だけではなく、常に周りを見まわして新しい道を見つけていく、生きていくうえでそういう感覚が必要ですね」

新しいことを学んだり、理解していくためには、相互に対話をすることが一番よい方法だとアンドリューさんは言います。

「生徒に一方的に指示を出して、生徒にその通りにさせるような教え方であってはいけないと思います。生徒が主体的に考え、自分で問いかけ、答えを見つけ出すことが真の学びになるのです」

日本の学校では、知識を一方向的に伝えるような授業がまだまだ多くて、生徒が他人の意見を聞いて議論しながら答えをみつけていくような機会は少ないように思います。日本の文化のなかでは問いかけて自分で答えを見つけることはあまり一般的ではないのかもしれません。

アンドリューさんが日本に来て感じたのは、自分から進んで質問をしたり意見を言ったりすることをためらう若者が多くいるということでした。

けれどもそれは、単にそれまでそういうことに慣れていないだけだとも思っています。実際、そんな若者たちが、アンドリューさんと話しているうちに少しずつ変わり、積極的に意見を言うようになっていく様子をしばしば目にしてきました。

日本社会のなかで、学校のいじめや社会的弱者に対する冷たさ、生きづらさなどがしばしば指摘されます。実は、それは厳しい生活のなかから生まれてきたゴスペルミュージックにも共通するテーマでもあるのです。ですから、アンドリューさんが日本でゴスペルを教えるときにはそのつながり

を伝えるようにしています。
人と人が理解し合い、協調していくこと、それがもっとも重要なことなのです。

アンドリューさんが日本で学んだこと

- チームワークを尊重すること
- 第二次大戦後に平和国家となったこと
- 日本人の奥ゆかしさに敬服しています。

難民として日本で暮らして

イエ・ミン・テッ
Ye Min Hiet

I live in Japan

父親との再会

イエ・ミン・テッさんは、五歳のときに母国ミャンマーを離れて母と姉とともに日本にやってきました。見も知らぬ日本で新たな生活をはじめることはイエ・ミンさんにとってとても大きな出来事でした。けれども実は、それ以上に大切なことが日本で待ち受けていました。それは長く会うことのできなかった彼の父親に会うことでした。

彼の父はミャンマーの民主化運動の活動家で、彼がまだ幼かった九〇年代半ばに、母国にいられなくなって海外へ亡命しました。

イエ・ミンさんと母親は国に残されました。母は家では父のことをいっさい話しませんでした。なぜなら、軍事政権側の人々から反体制派であるという烙印を押されることのないように自分たち家族を守ろうとしたからです。

イエ・ミンさんは、幼い頃、よく学校でサッカーをして過ごしました。その頃は、父親のことを深く考えることはあまりありませんでした。父がどこかにいることは知っていましたが、自分にとってそれほど大切な人だという意識はありませんでした。


イエ・ミンさんたちが日本に来た日、長く会うことのできなかった父が成田空港で自分たちのことを待っていてくれました。そしてついに再会できたのです。

父に会ったとき、思っていたほどには大きく心は揺さぶられませんでした。今までとなにも変わったことがないかのようでした。彼の父は、やわらかい灰色の髪で優しい眼をしていました。そして彼と母と姉をぎゅっと抱きしめてくれました。

そうして、父親はみんなの荷物を持ってくれ、成田空港から電車に乗り、日本の家に連れていってくれました。口数はすくなかったけれど、すべて自然でした。

I live in Japan

喜びと戸惑いと

ただ、大きな喜びの一方で、戸惑いもありました。なにしろ、父と別れたのは幼いときだったので、父についての記憶はほとんど無かったからです。これまで、父のことを、母に聞くことができなかったので、知りたいことはたくさんありました。

それに加えて、日本での生活も気になりました。なにしろ日本語は話せません。周囲を見ると自分の国では見たこともないような高層ビルやショップやレストランが建ち並んでいます。

日本でどんな生活が待ち受けているのか、想像もつきませんでした。

たとえば、ミャンマーでは、人々は質素に暮らしていますし、食事は家で家族みんなで食べるのが当たり前です。学校の制服などは別にして、ふだん着るような服はお店で買うのではなく、母や祖母が縫ってくれるのが普通でした。

翌日の朝、母親が朝食にミャンマー風の野菜スープを作ってくれました。それを食べているうちに、なんだか新たな人生をはじめる勇気が湧いてきました。

いま、日本にいるんだ。もうここはミャンマーではないんだ……、自分自身にそう言い聞かせたそうです。

そして父から日本語の勉強を始めるようにと言われました。そして、ある程度話せるようになったら、中学に入学することを勧められました。

I live in Japan 難民として日本へ

彼の父は日本で難民として生活していました。日本の弁護士たちのサポートを受けて、軍事政権から逃れることの必要性が認められて難民認定されたのです。かつて、民主化運動の高揚のなかで軍事政権は民主化を求める若者たちを弾圧していました。そのため多くの活動家は海外に逃れ、その中のひとりであった彼の父親は日本にたどり着いたのです。イエ・ミンさんと母親たちも難民として認定されました。

働く権利も学ぶ権利もある正規の難民として認定されたにもかかわらず、東京での生活は厳しいものでした。けれども彼らは希望を失うことはありませんでした。なんといっても日本社会には言論の自由がありますし、民主的な選挙もあります。平等で人権も尊重されています。家で父やミャンマーの友人たちが自由に議論をしているのを聞くこともできます。ミャンマーにいた頃は、政治的な議論をすることができませんでした。秘密警察に密告されることを恐れて、誰もが沈黙を保つことを強いられていたのです。民主化運動が高まっていた時期は、密告は日常茶飯の出来事でした。

I live in Japan

高校生活

イエ・ミンさんは日本の学校に通うなかでミャンマーの学校との違いを感じました。ミャンマーの学校では教師が非常に厳格で、生徒たちは質問をすることもできず、授業では教師の言葉をすべてノートに書き取るだけでした。

一方、日本の学校では、自分の考えを発表することもできますし、他の生徒たちと共同でプロジェクトを行うこともできました。そんな学び方ができるということは本当に素晴らしいことだと思いました。

ですから、日本の生徒がクラスで居眠りしていたり、授業中にスマホをいじっていたりしているのを目にしたときなどには、「この日本の学校のすばらしさにきっと気づいていないんだろうな」と思うこともありました。

日本に住んでいて、ミャンマーの友人たちのことを思い出すこともありました。広いグラウンドでサッカーをやったり、将来はプロ選手になりたいという夢を語り合った仲間たちです。

学校は寮生活だったので、多くの友人たちといっしょに生活しました。母親が来るのは週末だけ、そのときはおいしい手料理を持ってきてくれました。休日に家に帰ると近所の友達がたくさん集まってくれました。

友人たちとよくサッカーをやり、地元の仲間でチームを組んでサッカー大会を開いたりしました。

「家族もみんなで楽しんで、まるでお祭りのようでした。本当にいい思い出です」

それに比べると、日本での暮らしは少し違っていました。友達は学校の友達だけでまとまることが多く、地元でいっしょに遊んだりすることは多くありません。家族のなかの会話は少ないし、誰もが日々の仕事に追われているように感じました。

それでも、イエ・ミンさんは新しい生活に適応していきました。ミャンマーのことや、自分が難民であることは周囲にはほとんど話しませんでした。ただただ日本語の上達を目指してがむしゃらに勉強したのです。

「私はあまり目立ちたくありませんでしたし、学校のクラスの友達と仲良くなろうという思いはそれほど強くありませんでした。どちらかというと、そのほうが居心地がよかったのです」

家に帰ると、ミャンマー人らしさを取り戻しました。家ではビルマ語を話し、母国の料理を食べました。

そうして数年経って、日本語は上達し、流暢《りゅうちょう》に話せるようになりました。両親よりもうまくなったので、ときどき両親の通訳をすることもありました。

ただ、学校ではちょっと恥ずかしく感じることもありました。なぜなら、母親の日本語はあまり上手ではなく、先生や友達の親とうまく話ができなかったからです。そのことでよくイライラしましたし、自分の運命を呪ったこともありました。

ミャンマーと日本という二つの文化のなかで生きることの難しさを感じることもありましたが、そんな思いを友達に具体的にうまく伝えることもできなかったので、クラスメイトにも彼の悩みをあまりわかってもらえませんでした。

I live in Japan いつの日かみんなでサッカーを

そうして……、あっという間に一〇年の月日が流れました。彼は日本の高校を卒業し、日本の会社に就職しました。いまは小さな印刷工場で働いています。自分で稼《かせ》ぐことができるのが大きな喜びです。そのお金で家族の生活を助けられるようになりました。

その一方で、彼はラップの歌手としての活動もしています。ミャンマー人と日本人の友人たちとバンドを組んでいるのです。

バンドでは日本語とビルマ語の両方で歌詞を書いています。

彼は、夢をあきらめたわけではありません。いつの日か、母国へ帰りたいと思っています。そして地元の若者たちとサッカーをやりたいと思っています。

日本でサッカーができなかったことはとても残念です。難民として、生きることに精一杯だったのでサッカーをあきらめたのです。それは辛い選択でした。でも決してサッカーを完全にあきらめたわけではありません。お金をためて、コーチになる訓練をして、いつかミャンマーの子どもたちにサッカーを教えたいと思っています。

そしてもうひとつ、重要なミッションがあります。「母国を去るときに親友にきちんとお別れを言うことができませんでした。だから彼らに会って、その後の生活について話したいのです」

日本について感じること

・日本では難民はどちらかというと少しネガティブなイメージで見られているように感じることもあります。難民は、自由を勝ち取るために闘ってきた人々というよりも弱くて貧しい人だというイメージを持たれているかもしれません。

・難民は、紛争などの困難に直面し、母国で生活することが困難になった人々です。その立場を理解してほしいと思います。

・日本ではごみの分別が大切だと学びました。環境を守るために大切なことですね。

・学校での部活を通して、仲間意識、チームワークを大切にする文化を学びました。

自然と調和した暮らし方とは
持続可能な環境ツーリズム

アレックス・カー
Alex Kerr

I live in Japan

利便性を求める現代の社会のなかで

最新の流行を追い求め、ひたすら利便性の追求にまい進する現代社会……、そのようなかで、アレックス・カーさんは、古き良き日本の伝統的家屋の保存に力を注いでいます。アレックス・カーさんは長く日本に住んでいるアメリカ人です。全国各地で行っている講演会や著作物を通して、現代では忘れられつつある京都の町家や農村の古民家の重要性を訴えています。

町家や古民家は、自然環境と深く結びついた建築技術、そして伝統的な生活様式の象徴ともいえるものです。地元の山林から切り出された太い木材、畳、竹……、民家は大家族が住む場所であり、家畜を飼う場所であり、農作物を蓄える場所でもありました。

こうした民家に魅了されたアレックスさんは、この伝統的家屋を過去の遺物としか見なしていない社会の認識を変えていくことに尽力してきました。これらの家屋は、むしろ日本の素晴らしい伝統を象徴するものであることを訴え続けているのです。その伝統とは、周囲の自然環境と調和して、自然と一体となった生活スタイルのなかで培われてきたものです。

これらの建物が表している日本の伝統は、スピード至上主義の現代社会のライフスタイルの対極にあるものだとアレックスさんは言います。

今、東京と大阪を三〇分程で結ぶリニアモーターカーの建設に巨額の資金がつぎ込まれています。このことに象徴されるような技術の進歩によってもたらされる成長のあり方に一石を投じる視点を提示しているといえます。

篪庵の外観　©Chiiori Ltd.

地方の古民家再生に力を注ぐのは、これまでの日本が近代化を目指して歩んできた道は実は幻想にすぎないということに気づいたということです。

そのもっともよい例が彼のプロジェクトのひとつである徳島県三好《みよし》市の祖谷《いや》地区の再生です。

一九七一年、日本文化の研究に取り組んでいた若き日に、アレックスさんは祖谷を訪れ、この地の築二〇〇年にもなる民家の魅力に取りつかれました。そうして、地元の村の人々の協力を得て、この古い民家の再生に取り組んだのです。

この家は篪庵《ちいおり》と名付けられました。篪《ち》とは横笛のことです。そして、この古い民家を再生した篪庵は、多くの観光客が訪れる観光スポットとなっていきました。

ここで重要なのは、単に建物を再生したことだけではありません。地元の人々の地域を見る目が変わったことです。かつては廃屋《はいおく》同然にしか思われていなかった民家が地域のランドマークとなったのですから。

I live in Japan 日本の近代化への疑問

祖谷の成功をきっかけに、アレックスさんは、その後三〇軒あまりの古民家の再生に取り組みました。居住空間に暖房器具を設置するなど、快適に生活できるように設備を整える一方で、太い梁や柱、建具などは元からあるものを使っています。

そのようにしてアレックスさんの活躍の場はどんどん広がっていきました。日本の伝統

いろりのある部屋　©Chiiori Ltd.

文化を生かした観光振興のありかたなどに関する政府の会議に呼ばれるようにもなりました。

民家の再生を契機に、篪庵プロジェクトというNPOの活動も始まりました。このプロジェクトでは、この家屋を使ってさまざまなアーティストによる作品の展示などが行われています。

驚くべきことに、この地区は、山間にある小さな農村(もちろん新幹線ですぐに行けるような場所ではありません)であるにもかかわらず、年間を通して人が訪れることとなったのです。観光に訪れた人々は、ここで新鮮な空気を満喫し、森や山の木々のささやきに耳を傾け、大自然のエネルギーを受けます。

このことは何を意味するのでしょうか。祖谷の再生プロジェクトは、コンクリートジャングルに囲まれて生活をしている現代の日本人の心の奥底にあった、大地とつながりたいという願望に応えたといえるのではないでしょうか。

アレックスさんは、経済成長の道を突き進んだ日本の近代化神話に大きな疑問を投げかけたのです。

I live in Japan

自然と共生する観光のあり方

彼の考え方が広く認められるようになるのは、簡単なことではありませんでした。

日本の農村では、若者が都市に出て行ってしまい、過疎化、高齢化が進み、限界集落が増えています。地方の小都市も人口減少と経済の停滞に悩まされています。これまでは、地域活性化策としてダムや道路などを建設し、雇用を増やすということが行われていました。そして近年、それに加えて、観光の振興が大きな焦点とされるようになりました。そしてその観光振興策の多くは、豪華なホテルを次々に建設し、観光客を誘いこむことでした。

けれども、アレックスさんのプロジェクトが、そのような観光客誘致《ゆうち》の方法に待ったをかけたのです。自然を破壊するのではなく、手つかずの自然と共生する観光のあり方を追求するように、アレックスさんは少しずつ、粘り強く働きかけていったのです。

「これまでのやり方を否定し、無理やり方向転換させても、よい結果はえられません。もっともよい方法は、じっくりと話し合いながら、人々が心から理解し、変わっていくのを忍耐強く待つことです」

I live in Japan

伝統的な価値を見直す

アレックスさんは、自然を破壊し、次々に新たな建物を建てる公共事業が行われていることにずっと心を痛めてきました。

戦後の高度経済成長によって、日本各地に道路網が張り巡らされ、大きな橋が架《か》けられました。それらは国の政策として、近代化と経済成長の手段とみなされてきました。

しかしながら、この建設ラッシュは、結果的にコンクリートジャングルを作り出すことになりました。緑豊かな山々や清流のせせらぎがそれらにとってかわられてしまったのです。

アレックスさんの代表作の一つ『犬と鬼――知られざる日本の肖像』(講談社学術文庫)では、日本の豊かな自然環境や伝統文化を無視して進められる経済政策の問題点が論じられています。戦後、日本は世界のなかでもっとも大きな技術革新を成し遂げて、先進国のひとつとなりました。けれどもこの「進歩」は長く続きませんでした。九〇年代のバブル崩壊とともに日本経済は停滞し、今日に至るまで低迷を続けています。

過去の栄光が薄れていくなかで、アレックスさんは、経済成長を最優先させるこれまでの政策に疑問を投げかけてきました。

土建国家ともいわれる建設優先の公共事業が、荒廃した山々、川、汚染、過疎地をどれだけ作り出しているのか、と。戦後、急速に先進国の仲間入りを果たした日本は、結果的に膨大な負の遺産を残したのではないかと思っています。

今、人々に必要なのは、原点に立ち返って、日本の伝統的な価値を再認識することです。

I live in Japan

過去から学び未来を創る

アレックスさんは日本を愛する外国人として稀有《けう》な存在です(日本語の読み書きが堪能《たんのう》なだけでなく、素晴らしい書家でもあります)。四〇年以上も日本に住み、日本文化を深く理解するひとりの外国人として、日本が抱える課題や過去の過ちから学ぶべきことについて訴え続けているのです。

彼の訴えは、単に日本を批判しているのではありません。これまでの過ちに口を閉ざし、黙認することは、自然破壊の共犯者になることでさえあると考えているのです。

そうして今、京都に住み、町家再生事業や自然環境に配慮したツーリズムに携わる一方、研究書の執筆にも取り組んでいます。さまざまな人々が出会い、考え、議論しあう機会を創出しているのです。

アレックスさんは二〇一六年に『もうひとつの京都』(世界文化社)を出版しました。この本では、京都の歴史ある寺社について、「門」「塀」「床」「襖《ふすま》」「屏風《びょうぶ》」などを題材にユニークな考察を加えています。

お寺にはなぜ扉がついていない山門があるのか、お寺や御殿を囲む塀にはどのような意味合いがあるのか……など、一般的な解説書とは異なった興味深い解釈も加えられていて、新たな発見に満ちています。

既成の概念にとらわれず、別の視点から新たな発想をしていくこと。その大切さをこの本は教えてくれています。

「翻訳する」ということ

ドナルド・キーン
Donald Keene

I live in Japan

翻訳とは

「翻訳とは、文化の壁を乗り越えることです」

日本文化、そして日本文学の研究に生涯を捧げてきたドナルド・キーン博士は、そう言います。キーンさんは、日本の小説や詩や劇、そして日本の作家を広く海外に紹介してきた有名な日本文学者です。キーンさんの翻訳のおかげで、日本語が読めない世界中の多くの人々が、日本文学の素晴らしさに触れることができました。

キーンさんが最初に日本の小説の翻訳を出版したのは、一九六二年のことです。*The Old Woman, the Wife and the Archer* というタイトルの本で、そこには深沢七郎の「楢山節考《ならやまぶしこう》」、宇野千代の「おはん」、石川淳の「紫苑物語《しおんものがたり》」が収められています。この三つの短編小説には、いずれも近代以前の昔の日本の姿が描かれています。

「作者は現代作家ですが、小説の舞台は西洋化される前の日本です」と書かれてあるとおり、たとえば「楢山節考」は封建時代の貧しい農村を舞台に、貧しさのなかで生きるために年老いた親を見殺しにせざるを得ない村人の苦悩を描いています。

三人の作家は近代以前の日本を、武士や英雄の物語として描くのではなく、そこに生きる普通の人々にスポットを当て、時代を超えて通じ合う人間の心情を描き出そうとしています。その思いは、キーンさんの翻訳を通して、広く世界に伝えられました。

この翻訳が出版されたのは、キーンさんが三九歳のときのことです。わかりやすい英語の文体で書かれ、海外の読者の想像力を喚起する見事な翻訳として高い評価を得ています。文化の壁を越えて理解し、共感するキーンさんの才能が、この本にはよく現れているといえます。

一方、二〇一六年に出版された評伝『石川啄木』(*The First Modern Japanese—The Life of Ishikawa Takuboku*)にも、キーンさんの同じ思いが貫かれています。明治の詩人・石川啄木の生涯を描いたこの本では、啄木を「常に人々を魅了し続けた忘れ難い人物」として描いています。啄木には自己中心的なところもありましたが、自らの心の葛藤や悩みを率直に表現した才能豊かな文学者でした。人間的な弱さも含めて啄木の真の人物像に迫ったキーンさんの描写は、海外の読者を魅了しました。

I live in Japan

外国文学を読むということ

外国文学を読むということは、たとえば新しい水槽《すいそう》のなかに入れられた小さな魚になる、ということです。水槽のなかに投げ込まれた魚は、初めのうちは不安と猜疑《さいぎ》心《しん》が入り混じり、右往左往して泳ぎまわります。けれども慣れていくにしたがって、少しずつ落ち着きを取り戻し、周りを泳いでいる他の魚たちや彩り豊かな水藻や岩石に目が行くようになります。

日本文学を広く海外に広めたキーン博士

小さな魚が新たな環境に飛び込んでいくときの反応は、読者が翻訳を通して新たな世界に触れるときの反応に似ているのです。それまで自分が慣れ親しんできた世界と異なる世界に触れることで、誰もが心を揺さぶられるような感覚に襲われます。その経験が、さまざまな考え方や多様な世界観を受け入れる精神を養うことにつながるのです。

先日、キーンさんが協力した古浄瑠璃《こじょうるり》のロンドン公演に関して、東京・有楽町にある日本外国人特派員協会で記者会見が行われました。その席でキーンさんは、「外国人には日本文化を理解することができない、と言う人がいますが、私はそうは思いません」と述べ、日本文学の翻訳は海外の文学に大きな影響を与えることができる、という強い信念を語ってくれました。

I live in Japan 日本文学との出会い

キーンさんが初めて日本文学に出会ったのは、一九四〇年秋のことです。ニューヨークの書店で、有名なアーサー・ウェイリー訳『源氏物語』を目にしたのがはじまりでした。この翻訳を読むことで、一八歳のキーンさんは、ニューヨークのブルックリンの町から中世の日本の世界へと深く誘い込まれたのです。この運命的な出会いが、その後のキーンさんの人生を大きく変えることになりました。中国系アメリカ人の友人の影響で漢字に対する興味を深めていたこともあり、新しい言語を学ぶという情熱が高まって手あたり次第に日本文学の翻訳を読み漁るようになりました。

その後、米海軍日本語学校(カリフォルニア大学バークレー校、のちにコロラド大学)に入学し、日本語の特訓を受けたことで、その思いはさらに深まって行きました。当時、アメリカは日本と太平洋戦争に突入し、日本語の翻訳者・通訳を必要としていました。海軍日本語学校での一一か月間、キーンさんは教室の中の勉強だけでなく、さまざまな形で日本文化を学びました。エンドウ豆をすりつぶし、緑茶に見立てて飲んだ、という笑い話もあります。

海軍日本語学校では、アメリカに移民していた日系人から日本語を学んだことが強烈な思い出となって残っています。戦時中は、ハワイや沖縄で日本兵の捕虜《ほりょ》の尋問《じんもん》を担当し、日本人捕虜たちと深く心を通い合わせました。このエピソードは、自伝『このひとすじにつながりて』(*On Familiar Terms*)にも書かれています。キーンさんが翻訳に熱心な理由のひとつに、「敵国だった日本の兵士たちと交流し、さまざまなことを学んだ経験から、世の中に「敵」などいないと感じるようになった」という思いがありました。これが、キーンさんの平和主義の強い信念へとつながっていくのです。

I live in Japan

海外文化への関心

少年時代、キーンさんは外国の切手を集めることに熱中しました。ヨーロッパの国々から父親宛てに送られた手紙に貼られている切手、それをすべて集めたのです。切手収集に熱中したことで、遠く離れた外国に対する好奇心を掻き立てられました。

母親がフランス語を学んでいたことも、キーンさんの語学熱に影響を与えました。こうして少年の心に蒔かれた数々の種は、やがて広い世界に向けた新たな冒険の形で芽を出すことになったのです。日本語のみならず、キーンさんはフランス語、中国語、スペイン語、イタリア語、そしてロシア語にも堪能《たんのう》です。

二〇一一年、東日本大震災が起きて間もない時期に、キーンさんは日本国籍を取得しました。キーンさんにとって人生の多くの時間を過ごした日本で、日本人になることは当然の決断だったのです。

キーンさんは現在、養子の息子誠己さんと東京・北区に住んでいます。オペラや室内楽などの音楽が大好きで、たくさんの本と素晴らしい音楽に囲まれた生活を送っています。自宅のすぐそばに無量寺というお寺があり、すでにキーンさんは、そこに自分のお墓を建てました。墓石正面には、「キーン家の墓」と自筆の文字が刻まれています。

I live in Japan

文化の海を渡る

キーンさんは、多くの著作物や翻訳によって日本研究に大きな功績を残しました。しかし、一番重要なのは、日本文化の探究に人生を捧げたキーンさんの生き方そのものではないでしょうか。

今年九五歳を迎えたキーンさんは、多くの人々からあつい信頼を寄せられ、愛されてい

著者のインタビューに答えるキーンさん

ます。それは、ただキーンさんが高名な日本文学者だから、というわけではありません。むしろ、生涯をかけて世界に「翻訳」してきた日本に住むひとりの人間として、今やキーンさんは、かけがえのない存在だからです。キーンさんが近くの商店街を歩いていると、魚屋のおじさんや八百屋のおばさんが、店先から大きな声で気軽に声をかけてきます。

キーンさんは「翻訳」を通して文化の海を渡った、といえるかもしれません。新しい文化に触れ、それを理解し、そのなかに入っていくことの素晴らしさを、キーンさんは身をもって示してくれたのです。

キーンさんから若い人へのメッセージ

・良い翻訳は、読みやすくなくてはいけません。たとえ少しくらい間違いがあっても、読者がその本を読んで、感動することができるかどうかです。読んでいて、読者がうんざりしてしまうようでは、良い翻訳とはいえません。

・翻訳のコツは、なるべく日常的で、身近な言葉を使うように心掛けることです。そして原文に対して、最も適切な訳語を見つけることです。もちろん言語に堪能であることは、わかりやすく正しい翻訳のためには不可欠です。言語や文化を深く理解して、二つの文化をうまく結びつけること――それが、良い翻訳家の条件です。

スベンドリニ・カクチ Suvendrini Kakuchi
日本在住のジャーナリスト．母国スリランカで新聞記者として活動を開始し，ジャパンタイムズ，共同通信記者などを経て，現在，ユニバーシティー・ワールド・ニュース特派員．97年，ニーマンフェローとしてハーバード大学に留学．日本外国特派員協会前会長．
日本とアジアとの関係をテーマに，教育問題，環境と気候変動，マイノリティ問題，紛争と平和，等々の取材活動を続けている．近年は，アジアの国々でメディア研究に関する講義，啓発活動にも従事している．

私，日本に住んでいます　岩波ジュニア新書 862

2017年10月20日　第1刷発行
2025年 4 月 4 日　第2刷発行

著　者　スベンドリニ・カクチ

発行者　坂本政謙

発行所　株式会社 岩波書店
〒101-8002 東京都千代田区一ツ橋 2-5-5
案内 03-5210-4000　営業部 03-5210-4111
ジュニア新書編集部 03-5210-4065
https://www.iwanami.co.jp/

印刷・精興社　製本・中永製本

ISBN 978-4-00-500862-9　Printed in Japan

岩波ジュニア新書の発足に際して

きみたち若い世代は人生の出発点に立っています。きみたちの未来は大きな可能性に満ち、陽春の日のようにひかり輝いています。勉学に体力づくりに、明るくはつらつとした日々を送っていることでしょう。

しかしながら、現代の社会は、また、さまざまな矛盾をはらんでいます。営々として築かれた人類の歴史のなかで、幾千億の先達《せんだつ》たちの英知と努力によって、未知が究明され、人類の進歩がもたらされ、大きく文化として蓄積されてきました。にもかかわらず現代は、核戦争による人類絶滅の危機、貧富の差をはじめとするさまざまな人間的不平等、社会と科学の発展が一方においてもたらした環境の破壊、エネルギーや食糧問題の不安等々、来るべき二十一世紀を前にして、解決を迫られているたくさんの大きな課題がひしめいています。現実の世界はきわめて厳しく、人類の平和と発展のためには、きみたちの新しい英知と真摯《しんし》な努力が切実に必要とされています。

きみたちの前途には、こうした人類の明日の運命が託されています。ですから、たとえば現在の学校で生じているささいな「学力」の差、あるいは家庭環境などによる条件の違いにとらわれて、自分の将来を見限ったりはしないでほしいと思います。個々人の能力とか才能は、いつどこで開花するか計り知れないものがありますし、努力と鍛練の積み重ねの上にこそ切り開かれるものですから、簡単に可能性を放棄したり、容易に「現実」と妥協したりすることのないようにと願っています。

わたしたちは、これから人生を歩むきみたちが、生きることのほんとうの意味を問い、大きく明日をひらくことを心から期待して、ここに新たに岩波ジュニア新書を創刊します。現実に立ち向かうために必要とする知性、豊かな感性と想像力を、きみたちが自らのなかに育てるのに役立ててもらえるよう、すぐれた執筆者による適切な話題を、豊富な写真や挿絵とともに書き下ろしで提供します。若い世代の良き話し相手として、このシリーズを注目してください。わたしたちもまた、きみたちの明日に刮目《かつもく》しています。(一九七九年六月)

973
ボクの故郷は戦場になった
――樺太の戦争、そしてウクライナへ

重延 浩

1945年8月、ソ連軍が侵攻を開始し、のどかで美しい島は戦場と化した。少年が見た戦争とはどのようなものだったのか。

974
源氏物語入門

高木和子

日本の古典の代表か、色好みの男の恋愛遍歴か。『源氏物語』って、一体何が面白いの？ 千年生きる物語の魅力へようこそ。

975
「よく見る人」と「よく聴く人」
――共生のためのコミュニケーション手法

広瀬浩二郎
相良啓子

目が見えない研究者と耳が聞こえない研究者が、互いの違いを越えてわかり合うためコミュニケーションの可能性を考える。

976
平安のステキな！女性作家たち

川村裕子
早川圭子 絵

紫式部、清少納言、和泉式部、道綱母、孝標女。作品の執筆背景や作家同士の関係も解説。ハートを感じる！王朝文学入門書。

977
国連で働く
――世界を支える仕事

植木安弘 編著

平和構築や開発支援の活動に長く携わってきた10名が、自らの経験をたどりながら国連の仕事について語ります。

978
農はいのちをつなぐ

宇根 豊

生きものの「いのち」と私たちの「いのち」はつながっている。それを支える「農」とは何かを、いのちが集う田んぼで考える。

979
10代のうちに考えておきたいジェンダーの話
堀内かおる
10代が直面するジェンダーの問題を、未来に向けて具体例から考察。自分ゴトとして考えた先に、多様性を認め合う社会がある。

980
食べものから学ぶ現代社会
―私たちを動かす資本主義のカラクリ
平賀 緑
食べものから、現代社会のグローバル化、巨大企業、金融化、技術革新を読み解く。『食べものから学ぶ世界史』第2弾。

981
原発事故、ひとりひとりの記憶
―3・11から今に続くこと
吉田千亜
3・11以来、福島と東京を往復し、人々の声に耳を傾け、寄り添ってきた著者が、今に続く日々を生きる18人の道のりを伝える。

982
縄文時代を解き明かす
―考古学の新たな挑戦
阿部芳郎 編著
人類学、動物学、植物学など異なる分野と力を合わせ、考古学は進化している。第一線の研究者たちが縄文時代の扉を開く！

983
翻訳に挑戦！ 名作の英語にふれる
河島弘美
he や she を全部は訳さない？ この人物は「僕」か「おれ」か？ 8つの名作文学で翻訳の最初の一歩を体験してみよう！

984
SDGsから考える世界の食料問題
小沼廣幸
アジアなどで長年、食料問題と向き合い、今も邁進する著者が、飢餓人口ゼロに向け、SDGsの視点から課題と解決策を提言。

985 迷いのない人生なんて
―名もなき人の歩んだ道
共同通信社編
共同通信の連載「迷い道」を書籍化。家族との葛藤、仕事の失敗、病気の苦悩…。市井の人々の様々な回り道の人生を描く。

986 ムクウェゲ医師、平和への闘い
―「女性にとって世界最悪の場所」と私たち
立山芽以子
華井和代
八木亜紀子
アフリカ・コンゴの悲劇が私たちのスマホに繋がっている？ ノーベル平和賞受賞医師の闘いと紛争鉱物問題を知り、考えよう。

987 フレーフレー！就活高校生
―高卒で働くことを考える
中島 隆
就職を希望する高校生たちが自分にあった職場を選んで働けるよう、いまの時代に高卒で働くことを様々な観点から考える。

988 野生生物は「やさしさ」だけで守れるか？
―命と向きあう現場から
朝日新聞
取材チーム
多様な生物がいる豊かな自然環境を保つために、時にはつらい選択をすることも。悩みながら命と向きあう現場を取材する。

989 〈弱いロボット〉から考える
―人・社会・生きること
岡田美智男
弱さを補いあい、相手の強さを引き出す〈弱いロボット〉は、なぜ必要とされるのか。生きることや社会の在り方と共に考えます。

990 ゼロからの著作権
―学校・社会・SNSの情報ルール
宮武久佳
情報社会において誰もが知っておくべき著作権。基本的な考え方に加え、学校と社会でのルールの違いを丁寧に解説します。

991
データリテラシー入門
―日本の課題を読み解くスキル
友原章典
地球環境や少子高齢化、女性の社会進出など社会の様々な課題を考えるためのデータ分析のスキルをわかりやすく解説します。

992
スポーツを支える仕事
元永知宏
スポーツ通訳、スポーツドクター、選手代理人、チーム広報など、様々な分野でスポーツを支えている仕事を紹介します。

993
おとぎ話はなぜ残酷でハッピーエンドなのか
ウェルズ恵子
異世界の恋人、「話すな」の掟、開けてはいけない部屋――現代に生き続けるおとぎ話は、私たちに何を語るのでしょう。

994
歴史的に考えること
―過去と対話し、未来をつくる
宇田川幸大
なぜ歴史的に考える力が必要なのか。近現代日本の歩みをたどって今との連関を検証し、よりよい未来をつくる意義を提起する。

995
ガチャコン電車血風録
―地方ローカル鉄道再生の物語
土井　勉
地域の人々の「生活の足」を守るにはどうすればよいのか？　近江鉄道の事例をもとに地方ローカル鉄道の未来を考える。

996
自分ゴトとして考える難民問題
―ＳＤＧｓ時代の向き合い方
日下部尚徳
「なぜ、自分の国に住めないの？」彼らが国を出た理由、キャンプでの生活等を丁寧に解説。自分ゴトにする方法が見えてくる。